JACK IN DE PITS

Jack Plooij

Jack in de pits

Off the road-verhalen over de Formule 1

SPECTRUM

Uitgeverij Unieboek | Het Spectrum bv

Spectrum maakt deel uit van Uitgeverij Unieboek | Het Spectrum bv
Amstelplein 32
1096 BC Amsterdam

Eerste druk 2022

Omslagontwerp: Bloemendaal & Dekkers
Beeld omslag: GPToday
Opmaak: Elgraphic

ISBN 978 90 00 36996 6
ISBN 978 90 00 36997 3 (e-book)
NUR 489

www.spectrumboeken.nl

Luister naar Grandprix Radio en kom naar het theater:
www.deformule1show.nl

Jackontracks.nl

Inhoud

VOORWOORD

ZWARTWIT GEBLOKT NA 233 RACES

Al jarenlang mogen de pitreporters hun 'liveverslag' gedurende de kwalificatie en de race niet meer brengen vanuit de pits. Reden daarvoor waren diverse (levens)gevaarlijke situaties. Interviews met rijders mochten van de FIA en de FOM niet meer op de bonnefooi, maar moesten in een afgeschermd gebied: het beroemde vierkantje. De Formule 1 ging voor fans in Engeland achter de decoder. SKY ging miljoenen betalen voor de rechten, om 'meer mogelijkheden' voor de verslaglegging te verkrijgen. Gevolg: minder kijkers. Als klap op de vuurpijl moest er tijdens de pandemie geloot worden en kregen de kleine tv-ploegen op race- of kwalificatiedagen geen toegang tot het vierkantje. Kortom: het werd steeds lastiger om interviews te maken met de helden van de sport. Het kwam dus weer aan op de relaties die je in die 23 jaar had opgebouwd.

Ik vond dat heerlijk. Het was weer een mooie uitdaging die ook nog eens erg succesvol bleek te zijn. Totdat het opeens ook voor mij zwartwit geblokt werd. De F1 gaat in Nederland ook achter een betaalgordijn, met aan het roer andere mensen. Er komt tijdelijk een eind aan 'Jack in de Pits'. De vlag viel in Abu Dhabi 2021 tijdens een geweldig hoogtepunt: Max werd voor het eerst wereldkampioen Formule 1. Ik mocht hem als eerste voor de camera spreken, net als bij zijn eerste overwinning in Barcelona 2016. Wat een geweldige ervaring was dat en wat een prachtige verhalen leverde het op.

Dit boek gaat met name over het laatste jaar. De pandemie, de eerste F1-race op Zandvoort, het eerste wereldkampioenschap, ga zo maar door. Er zijn nog zoveel verhalen te vertellen en ik ga de F1 niet zomaar opgeven. Ik ben nog niet klaar in de pits en zoals ik altijd afsloot na de legendarische 'gridwalk' op zondag: 'Als ik terugkom gaan we racen!'

Jack Plooij
@jackontracks
april 2022

1

DE WEG NAAR ZANDVOORT

Mijn vader was melkboer toen ik in Amsterdam geboren werd in de Van Hogendorpstraat. Mijn wieg stond in de winkel. Mijn moeder hielp de klanten en mijn vader reed met de melkkar door de stad. De Van Hogendorpstraat ligt vlak bij de oude Maggi-fabriek, in een wijk waar mensen op vierhoog en dicht op elkaar wonen. Mijn vader moest zware metalen kratjes vol glazen flessen met blauwe doppen de trappen op sjouwen. Niet zoals nu natuurlijk met de prachtige elektrische karretjes, maar op de ordinaire bakfiets langs bij mensen in Amsterdam.

Ik had een vaste oppas, Doortje. Zelf weet ik daar niet veel van, het zijn verhalen die ik natuurlijk van mijn moeder heb meegekregen. Bij de buurvrouw en de overburen maakte ik kennis met Zandvoort. Een van mijn overburen, Jan IJpma, had een vakantiehuisje op het strand in Zandvoort. In Amsterdam was het natuurlijk bingo als je kennissen of buren had die zo'n huisje hadden, want dan mocht je wel eens mee. Toen ik een klein ventje was, gingen we vaak met de familie mee en bleven we slapen. Dat was voor ons als stadsmensen natuurlijk fantastisch. Ik verbaasde me daar over de herrie, want ik kende dat geluid niet. Mijn vriendjes zeiden dat het een circuit was en we zijn gaan kijken naar de grand prix van Zandvoort. Vraag mij niet welk jaar het was, maar we zijn onder het hek door gekropen en gaan kijken. Je kon de auto's bijna aanraken, want er was nog geen bewaking. Dat was mijn eerste kennismaking met Circuit Zandvoort. Iedereen die het succes van Max Verstappen mee heeft gemaakt, is wel eens bij een grand prix geweest. Zandvoort was fantastisch.

Toen ik in de jaren negentig in Nijmegen mijn proefschrift schreef, kwam Zandvoort weer in beeld. Ik kwam daar in aanraking met het Equipe Verschuur, een raceteam met Renaults die veel reden op Zandvoort. In eerste instantie allemaal nationale races. Marcel Hubbers was de hoofdmonteur van Equipe Verschuur en sleepte mij binnen. Het schrijven van mijn proefschrift bracht niet veel plezier in het leven. Het was voor mij een fijne afleiding om naar Zandvoort te gaan, want Equipe Verschuur kocht auto's in de Timorstraat in Nijmegen die werden omgebouwd tot raceauto's. Hubbers was tot diep in de nacht aan het sleutelen en ik kwam hem daarbij helpen. Dan kwam ik rond een uur of negen 's avonds een bakkie doen. Het begon met een stangetje vasthouden of een boutje aandraaien tot uiteindelijk de motoren inrijden, wat algauw een van mijn favoriete bezigheden was. Je kreeg dan een handelsdealkenteken op de auto en moest een uitgestippelde route door Nederland rijden waar je in verschillende toeren moest op- en doortrekken. Het was een heel ritueel en dat vond ik fantastisch. Moet je je voorstellen, je bent net afgestudeerd tandarts met een klein praktijkje in Duitsland en dit wordt dan je hobby. Ook overlegde ik met Frans Verschuur, de teameigenaar. Wat gaan we doen? Kunnen we nog gewicht besparen? Moet het gewicht naar voren of naar achteren? Kunnen we in de mazen van de wet nog iets vinden? Kunnen we een trucje verzinnen waardoor we sneller zijn? Uren, avonden en zelfs weekenden heb ik met Marcel Hubbers doorgebracht in de werkplaats in Nijmegen. Uiteindelijk heeft dat ertoe geleid dat ik mee mocht naar het circuit en daar te gast was bij het team. Frans Verschuur zei: 'Als jij nou die tent in Zandvoort in de gaten houdt, komt het misschien allemaal wel goed.' Ik ging donderdagavond naar het circuit toe, waar Frans een oude stadsbus had omgebouwd. Er waren slaapplaatsen en een koffiehoekje. Als er geen plek was in de bus was er wel een caravan of een tent. Of we sloegen een nachtje over om verder te sleutelen. Als ik terugkijk op mijn hele racecarrière denk ik dat de nachten sleutelen op de circuits het leukste waren. Niemand kwam aan je kop zeiken, het ging om stoere mannenpraat, schuine moppen en je kreeg vieze handen van het sleutelen. Ik moest hard werken en er stond veel druk op, maar als we weer een overwinning behaalden, was dat wel met een team. Het was zo gaaf om onderdeel te zijn van zo'n team en samen die prijs te winnen.

Frans was echt heel goed; hij en zijn toenmalige partner betrokken ons vaak bij het plezier en de eer. Bij Equipe Verschuur heb ik mooie dingen beleefd op Zandvoort. Daar heb ik ook allerlei mensen leren kennen onder wie de gebroeders Coronel, Olav Mol, Jan Lammers, noem maar op. Bij Verschuur zorgde ik voor de gasten. Langzaamaan ben ik binnen team Verschuur het een en ander gaan organiseren en samen met de zwager van Frans hebben we geprobeerd het team te professionaliseren. We stonden ooit langs de vangrail toen er op een gegeven moment een pitbord uitgehangen werd, wat ervoor zorgde dat Marcel Hubbers over de zeik ging, want hij begreep het pitbord niet. Ik zei: 'Waarom praat je niet met die rijder? Je kunt toch communiceren met de pitmuur en de rijder?' Dat zou te veel geld kosten en gedoe geven met vergunningen, het zou niet gaan en het was ook nooit gedaan. Ik heb toen van alles geprobeerd en uiteindelijk is met me gelukt met een grote gereedschapskist die genoeg aarde gaf de pitmuur te laten zenden en ontvangen. Er zat een mega-accu in de kist en in de auto zat een kleine knop naast de koppeling, zodat Frans er met zijn linkervoet op kon drukken en met ons kon praten. Ik was er trots op, ik had met 27MC ervoor gezorgd dat Marcel bij de pitmuur kon praten met Frans in de auto en Frans kon antwoorden. Prachtige tijden.

In Zandvoort heb ik dus veel mensen leren kennen, onder wie Olav, die vroeg of ik mee wilde doen in de Formule 1. Uiteindelijk is Zandvoort in 2020 heel belangrijk geworden, want de grand prix van Zandvoort kwam weer terug. Dit hadden we nooit gedacht. Zelf was ik erg terughoudend, ik gunde het natuurlijk iedereen, maar het kon toch niet op ons Zandvoort? Er mocht geen drank geschonken worden en veel mocht niet qua vergunningen. Het was altijd gedoe op Zandvoort. Met name met de kaarten. Het waren er nooit genoeg, dus kaarten werden illegaal verkocht en zelfs gekopieerd en doorverkocht. Bernie Ecclestone zei dat hij nooit meer terug zou komen. Zandvoort stond er niet lekker voor. Als je in de paddock vroeg naar de geruchten, werd er altijd gezegd dat je er niet kon komen met de auto en niet kon inhalen. Als wij op locatie met mensen aan het praten waren, was de stemming geweldig, maar toch overheersten de negatieve verhalen over de garages en parkeerterreinen die te klein zouden zijn.

De geruchten werden wel steeds serieuzer en de steun van de regering bleef uit, maar dan ken je prins Bernhard niet met zijn kompanen. Die hebben toch een partij goed werk geleverd daar, die hebben het bij de gemeente en de provincie slim aangepakt. Niet te veel herrie maken, gewoon rustig beginnen en zorgen dat je je huiswerk goed doet. Op een geheime locatie gingen ze met de F1-organisatie in gesprek. Je moet de heren nageven dat ze goed hebben nagedacht, want ze hadden meteen een mooi plan. Daar zijn ze bij de F1 voor gevallen; vooral de Amerikanen zagen het helemaal zitten, en inmiddels hebben we het gezien en beleefd. Als er ook maar één hobbel in de weg zou zitten, ging het al niet door. Er is veel gedaan om iedereen zover te krijgen.

Uiteindelijk was de kogel door de kerk, de grand prix ging door. Er zou een persconferentie gehouden worden in een tent in de Tarzanbocht. We waren helemaal trots en vanuit het Formula One Management (FOM) kregen wij het verzoek of we konden regelen dat het vol kwam te staan met apparatuur, en of we met Southfields iets konden doen. Uiteindelijk bleef het stil en wat bleek, de Dutch Grand Prix had een mediadeal afgesloten met Talpa die de rechten kreeg voor mediagerelateerde zaken buiten de uitzendrechten om. Vanwege de deal met Talpa was het Hélène Hendriks die de persconferentie mocht doen. Ik vond het maar raar om te zien, de hele paddock met alle journalisten en al onze relaties, iedereen die er ook maar iets ermee te maken had vond het vreemd dat Olav en ik het niet deden. Dat was voor ons een van de raarste momenten in het verhaal rond de Dutch Grand Prix. We moesten met onze camera in de rij staan om een interview te mogen doen; het was ongemakkelijk, maar ik begrijp het wel. Ze waren op zoek naar een mediapartner en kozen voor het beste plan. Waarschijnlijk had Ziggo niet mee willen of kunnen doen. Uiteindelijk is er gekozen voor een andere strategische partner. We stonden buitenspel, maar het was niet anders. Uiteindelijk ging de grand prix door corona niet door en is hij doorgeschoven. Er is toen voor gekozen om het niet in mei te doen. Mocht de pandemie langer duren, dan konden ze het over die zomer heen tillen. Dat is een slimme zet geweest, achteraf gezien. In september 2021 vond een van de mooiste races van het seizoen plaats en wij waren erbij. De dirigent van dit geweldige feest was Robert van Overdijk, de nieuw aangestelde CEO van Circuit Zandvoort.

Naast een zakenrelatie is er ook een leuke vriendschappelijke relatie tussen ons ontstaan. Robert kreeg dit evenement op zijn bord en hij heeft het knap gedaan met al die partijtjes en al die ego's. Er lopen veel mannetjes rond in de racewereld die het allemaal beter weten en kunnen. Hij is een goede directeur en heeft het vertrouwen gekregen van Bernhard van Oranje, die het ook fantastisch heeft gedaan. Uit een van de gesprekken met Robert kwam een briljant idee naar voren. De kaartverkoop van de Dutch Grand Prix ging van start. Er waren 100.000 kaartjes beschikbaar, maar meer dan 1 miljoen verzoeken. Echt boven verwachting. Het circuit kwam bij mij en Olav met de vraag wat we met de teleurgestelde fans zouden doen die geen kaartje hadden kunnen bemachtigen. Toen kwam het idee voor de Race Experience. Het plan was dat we met de toeschouwers een mooie tour zouden maken over het circuit en ze aan boord van een open bus in elke bocht een mooi verhaal zouden vertellen met de sterren van Zandvoort aan boord. De tour wilden we midden op het circuit laten eindigen in de oude strandtent van Bernhard die verplaatst was naar de top van een duin. In de zogenaamde Founders Lounge zouden de bussen bij elkaar komen, de gasten stappen uit, krijgen een leuke goodiebag, lopen met elkaar omhoog en krijgen van Olav, Rick Winkelman, onze vaste analisten en van mij een leuk verhaal te horen over hoe het seizoen is verlopen. Uiteindelijk is het door corona niet doorgegaan en we hopen de tour dit seizoen wel voor elkaar te krijgen. Hoe leuk is dat? Dat je op het circuit waar de grand prix gereden wordt een leuk verhaal, een bittergarnituurtje en een goodiebag krijgt en kunt zien waar het geweld gaat losbarsten.

Natuurlijk waren dat mooie tijden. In de voorbereiding komen we met iedereen om de tafel te zitten: met Heineken, met Tinq, met evenementenbureau Tribe, dat ook de Vrienden van Amstel Live doet en veel ervaring heeft met hoe je zo'n evenement aanpakt, maar ook met circuitsponsor CM. Robert van Overdijk heeft een heel belangrijke rol gespeeld bij het om de tafel te krijgen van alle partijen als er een kink in de kabel zat. Hij was degene die dat allemaal weer probeerde te lijmen. Het heeft ertoe geleid dat de grand prix zo geweldig is verlopen.

Het was een ongelofelijke organisatie met spannende momenten, en op dat soort momenten leer je wel je vrienden kennen. Wat een avontuur was dat: het Circuit Zandvoort werd omgebouwd tot een circuit waar de F1 weer terechtkon. Twintig jaar lang hebben we overal ter wereld lopen mopperen over circuits en dan gebeurt het in je eigen land, waar je ooit zelf bent begonnen. Het circuit waar je zelf hebt geholpen om de kikkers uit de duinen te beschermen, zodat de actiegroep Red De Kikker de grand prix niet zou verhinderen. Het belangrijkste voor ons was de hele aanloop naar het circuit. Talpa had de mediarechten rondom het circuit met Radio 538 met een livestudio. Wij waren er ongelofelijk trots op dat we in onze eigen duinen die F1-race gingen meemaken.

Het bijzondere was dat het in Zandvoort vaak droog was op momenten waarop het in de rest van Nederland juist regende. David Hart had een raceteam en als wij klaar waren bij Verschuur gingen we bij het team van David een laatste biertje halen en helpen, want daar kwamen ze mensen tekort. Ze vroegen altijd of ik mijn cassettebandjes bij me had; niet met René Froger, niet met André Hazes, maar met moppen. Ik had vijftien cassettebandjes met alleen maar moppen. Die speelden we dan 's nachts af als het sleutelen was gedaan, de auto was ingereden en nog even werd gepoetst, en het zeiltje eroverheen ging. Het laatste biertje kwam langs, we zetten de moppen op en lagen in een deuk om de meest idiote en flauwe moppen die je maar kunt bedenken. Dit was echt goed voor de teambuilding. Als er ook maar iemand wakker was op de paddock, kwam hij naar ons toe en ging de friteuse aan, de bitterballen met bier hoorden bij de paddock. Daar hebben we veel plezier aan beleefd. Als je dan met elkaar de F1 terug ziet komen op Zandvoort met fantastische motorhomes en chef-koks, knijp je in je arm en denk je: was het vroeger misschien nog net iets leuker?

2

WINTERSLAAP

De drukte is achter de rug, de kerstdagen zijn voorbij, de vuurpijlen zijn weer afgestoken en dat betekent het begin van het nieuwe jaar. Ook voor pit- of paddock-reporters. Maar goed, het is natuurlijk nog niet zover, want de eerste races zijn pas in maart en de wintertesten vinden plaats in februari, dus is er tijd om wat anders te doen. Wat doe je in die wintertijd als je gewend bent in een korte broek door de pitstraat of in de paddock van de Formule 1 te wandelen? Dan kijk je of de afspraken die je gemaakt hebt nog een beetje adequaat zijn en of je ze eventueel moet bijstellen. Maar als alles gewoon door kan gaan zoals je gewend bent, ga je toch even wat andere dingen doen. Een van de allerleukste dingen is kijken of er niet toch nog ergens een race-evenement is. In januari is dat meestal de 24 uur van Dubai, daar ben ik ooit eens naartoe geweest met een aantal Nederlanders die het goed hadden geregeld en georganiseerd en het was fantastisch. Samen met Jordy van Kouwen en de Dutch Supercar Challenge-rijders heb ik daar een aantal prachtige programma's mogen maken. Dat was best intensief, omdat je met weinig middelen zoveel mogelijk wilt realiseren. Uiteindelijk is het evenement bij SBS uitgezonden. Het leuke van in januari in Dubai zijn, is dat het er dan heerlijk weer is en je dus weer in je korte broek door de pitstraat kunt lopen met een microfoon in de hand. Het betekent ook dat je niet werkt met F1-coureurs, maar met Nederlandse jongens. Je kunt je voorstellen dat de avonden in het hotel voortduurden tot diep in de nacht, met een gezellig glaasje en fijne gesprekken.

In de winter kun je ook leuke nieuwe dingen bedenken, en is het een mooie tijd om achterover te zitten, met collega's een bakkie koffie te drinken en dingen te verzinnen voor het nieuwe seizoen. Zo werd ik gebeld door een bevriende F1-fan, Stephan Tieleman, de CEO van de FashionCheque. Stephan is een fantastische kerel die ik ooit heb ontmoet in het vliegtuig. Ik vind het fijn om in het vliegtuig uit te rusten en dit keer zat ik in mijn eentje op de voorste rij. Maar net op het laatste moment schoof er nog iemand naast me. Dat was Stephan. Op dat moment was er nog geen sprake van corona en na zo'n vijftien minuten kwam zijn eerste opmerking mijn kant op: 'Ik weet dat je deze vraag honderdduizend keer krijgt, maar wij thuis zijn nu eenmaal fan.' Zo raakten we in gesprek en ik had gelijk een leuke klik met Stephan. Hij vertelde dat hij in Hoofddorp met FashionCheque was begonnen en het groots had opgezet, maar onderweg veel problemen was tegengekomen. Alle kassasystemen van de winkels moesten worden aangepast om de cheque te kunnen gebruiken en dat had aardig wat voeten in de aarde. Uiteindelijk ontstond het idee om in Nederland een bakkie te doen. Dat hebben we gedaan en dit resulteerde in het plan een cadeaukaart te introduceren om schoonheidscorrecties te laten uitvoeren. Zo zie je maar, in de winter is het tijd om leuke ideeën te laten opborrelen, soms met succes en soms met minder succes.

Ooit kwam ik met Ziggo-collega Tom Coronel met een idee om een podcast te maken. 'Ja, ik doe een leuke podcast met RacingNews365, daar moet je eens mee kennismaken, dat zijn leuke gasten!' zei Tom. Ik heb kennisgemaakt en uitgelegd dat ik nu met Hotel Huis Ter Duin bezig ben met simracen en dat het leuk is om iets samen te doen. Uiteindelijk zijn we niet nader tot elkaar gekomen en werd het geen succes. Tom en ik hadden RacingNews365 harder nodig dan zij ons.

Een ander prachtig idee is samen met Rob van Gameren ontstaan. Rob en ik zijn beiden helemaal gek van sport; hij is de nerd van de details en ik kan het menselijke aspect goed naar boven krijgen. De bazen van Southfields, het productiebedrijf waar wij voor werken, kwamen met het idee om ons samen te brengen en te kijken of er een leuk idee zou ontstaan. Uiteindelijk kwamen wij met een idee met de werktitel 'Raddraaiers', waarin een aantal vaste vragen aan diverse sporters gesteld zouden worden. Wij zouden geblinddoekt de gast ontvangen en dus niet weten wie er aan tafel was geschoven. Vervolgens zouden we een paar geluidsfragmenten horen met betrekking tot de sporter, waarna wij moesten raden wie we voor ons hadden. Zo houd je een terugkerend en herkenbaar patroon in je programma en kun je sportieve gasten met elkaar vergelijken. Het stramien is nog niet volledig ontwikkeld, maar het zal ooit wel komen, de mensen zijn laaiend enthousiast.

Gaston Starreveld, al jarenlang een goede vriend en collega, trof ik aan bij Hotel Huis ter Duin en ik was van plan om samen met hem na te denken over een eventuele samenwerking. Gaston organiseert veel evenementen en staat vaak op het podium. Na een paar glaasjes wijn kwamen wij op het idee om een dinnershow te doen met een F1-thema. Gaston heeft honderden dinnershows georganiseerd in de oude studio's in Aalsmeer en we hadden meteen een werknaam: 'The Grand Prix Dinnershow'. Met William Reitsma zijn we in Hoofddorp bij elkaar gekomen, hebben we samen een prachtige show bedacht en een exclusieve deal met Van Der Valk gesloten. Die fantastische show zal binnenkort te zien zijn in combinatie met een heerlijk hapje eten. Er zijn al try-outs gedaan en het was een megasucces!

Er vond ook een fotosessie plaats voor het magazine van Van Der Valk. Het was wel bijzonder toen we daar in smoking een hele dag foto's en video's aan het maken waren. Er kwam een raceauto binnen, met dames in een verenoutfit. We hebben er een prachtig artikel van gemaakt, de datums zijn geprikt en binnenkort mogen we dan eindelijk los. Er is muziek, er zijn dansacts en het hoogtepunt van de avond is de bingo waar we mooie prijzen weggeven. Ook treed ik op met een Tommy Cooper-achtige goochelact. Zonder meer het leukste wat mij ooit is overkomen in de winter.

Om de goochelact onder de knie te krijgen ben ik bij Ferri Somogyi langs geweest. Ferri ken je vast wel uit *Goede Tijden, Slechte Tijden*. Hij is inmiddels een goede vriend van mij, mede dankzij *Racemakkers*. We zijn daarvoor samen naar een goochelshop geweest in Engeland en hebben daar een aantal goocheltrucs uitgeprobeerd en gekocht. Ferri is een goede amateurgoochelaar. We hebben daar leuke trucs gevonden die goed zouden passen bij de dinnershow. De mooiste act die we wilden doen was het laten verdwijnen van Gaston, maar dat is helaas niet gelukt. Bij Ferri thuis hebben we gegierd van het lachen tijdens het oefenen voor de spiegel. Er ging van alles mis, zoals je je kunt voorstellen. Er moet wat humor zitten in een act en hij mag soms een beetje mislukken, maar hij moet natuurlijk wel goed zijn.

Ferri Somogyi heeft een nieuw bedrijfje opgezet dat ShoutOut heet. Daar kun je Bekende Nederlanders een berichtje laten inspreken voor een verjaardag, voor een bruiloft of voor je personeel. De startup was een succes en is inmiddels uitgegroeid tot een groot bedrijf. Soms komt er ook nog een opdracht binnen van SportSpeakers, die mensen inhuren die leuke verhalen kunnen vertellen. Zo ben ik gevraagd door een kolencentrale in Rotterdam. Een van de personeelsleden was F1-fan en het bedrijf heeft me gevraagd om wat te komen vertellen over de Formule 1 en over Max Verstappen. Prachtig om daar een keer te zijn, er heerste een fantastische teamspirit. Ze zetten er met elkaar de schouders onder om er iets moois van te maken. Inmiddels ben ik op veel plekken geweest en overal geldt dat je aan elkaar overgeleverd bent. Dit was ook weer een aanzetje voor een nieuw interviewformat getiteld 'Winnen' in Hotel Huis Ter Duin. Het idee was om daar mensen uit de autosport voor uit te nodigen, maar ook andere racevrienden. Een van de meest legendarische was die met Jan Lammers, maar ook die met Dutch Performante. Die heeft fantastische dingen gedaan: hij heeft een Lamborghini, zit vol met tattoos, is veel gaan investeren en heeft zelf geleerd hoe je moet ondernemen. Hij kan geweldige verhalen vertellen en is een leuke jonge gast. Jan Lammers bedacht dat er een 8-cilinder op tafel zou komen met acht statements waar we over zouden praten. De gast op de bank mocht dan een van de statements uitkiezen.

Zo zat ooit Churandy Martina op de bank. Hij was als altijd heel relaxed en heeft al die vragen rustig beantwoord. Churandy heeft natuurlijk al het een en ander meegemaakt. Hij vond het Nederlands record niet belangrijk. We hebben allerlei prachtige onderwerpen besproken, waaronder de Olympische Spelen, en zijn bekende uitspraak ‘Ik ben blij’ kwam ook voorbij. Een andere uitgesproken gast was Andy van der Meijde, de oud-voetballer, een prachtige kerel die geen blad voor de mond neemt en nergens mee zit. Voor altijd de Ajax-rechtsbuiten. Hij vertelde dat hij met het Nederlands elftal in Hotel Huis Ter Duin zat en dat ze van de coach op hun kamers moesten blijven. Toch is Andy op een of andere slinkse manier naar buiten geslopen voor een feestje.

Raymond van Barneveld, Ronald Molendijk, Humberto Tan: ze zijn allemaal langsgekomen. Het blijft leuk om die gasten in de stoel te hebben, ze te confronteren met een aantal statements en te kijken hoe ze erop reageren. En dan komt het moment dat je toch weer op pad gaat na de winter. We kwamen op 14 december 2020 terug uit Abu Dhabi en kregen te horen dat we nog gezellig naar Monaco mochten om het eindejaarsinterview met Max Verstappen op te nemen. Met de hele crew bij Max thuis in de woonkamer hebben we alles opgebouwd met camera’s en belichting en uiteindelijk is het een heel grappig interview geworden. Toen was er nog geen sprake van het wereldkampioenschap. De rest is inmiddels geschiedenis. Max Verstappen is wereldkampioen Formule 1, wie had gedacht dat het zo snel zou gebeuren? Hij was er heel duidelijk in: er geldt maar één ding en dat is winnen. Zoveel mogelijk races winnen.

Olav Mol en ik zijn ook een paar keer naar de Dakar Rally gegaan op uitnodiging van sponsor Exact en we mochten mee met het team van MAN. Exact had samen met vele andere sponsoren een plan bedacht voor de komende drie jaar. Het eerste jaar was om de zaak rustig te bekijken, het tweede jaar zouden we dichter bij de top komen en het derde jaar zouden we winnen. Ze hadden gevraagd of wij met een Volkswagen Touareg het persgedeelte voor onze rekening wilden nemen en de 'media-auto' zouden willen zijn. Dat was een hele eer. Het kwam perfect uit om in onze winterslaap mee te gaan naar de Dakar Rally. We hebben er veel over gelezen. We hoorden dat we in een opgooitent zouden slapen. Ik kan je vertellen dat je een Charlie Chaplin-achtige film kunt maken over het opvouwen van die tent, daar was een bepaalde truc voor nodig. Het MAN-team vertrok vanuit de regio Eindhoven en op een parkeerplaats kregen we uitleg over het opzetten en afbreken van die tent. Stond je dan met een paar volwassen kerels zo'n tent in elkaar te vouwen. Je krijgt er al snel handigheid in, maar het is anders als je met koude handen en koude voeten in de woestijn een zeiknat geregende tent moet opvouwen. Het was hilarisch om te zien. 's Nachts om vier uur ging de hele karavaan weer verder, waarna je het hele gebeuren weer moest inladen en weer uitladen. Zo ging het drie weken lang door.

In die tent zet je je tas neer met je spullen en je mag je lekker wassen met de beroemde heerlijk ruikende Zwitsal-babydoekjes. Douchen kon wel, maar dan waren we vaak te laat op de locatie. Van slapen kwam ook niet veel terecht. Na een uur of acht rijden ging je weer interviews en video's maken, die je vervolgens moest uploaden met vreselijke internetkwaliteit midden in de woestijn. Vaak gingen we dan naar het dichtstbijzijnde dorpje om te kijken of er bij de kerk wifi was. In sommige gebieden ging het wel, maar in sommige gebieden ook weer niet en dan moesten we zelf attributen meenemen of naar een hotel rijden dat dan weer dicht was of geen wifi had. Soms wisten hotels dat je kwam en voerden ze snel de prijs van wifi op. Dit was altijd wel een dingetje en dan moest je weer honderden kilometers rijden. Olav hield ervan om zelf te rijden en we hadden afgesproken dat we de eerste twee jaren wat dingen zouden uitproberen. We hadden Jaap meegenomen en bij de derde editie voor het team hadden we Hans-Peter van Veldhoven mee. Ze hadden de Touareg zo gebouwd dat iedereen erin paste. Hans-Peter is een grote vent die nooit mopperde als hij achter in de Touareg zat. We hebben fantastische avonturen meegemaakt terwijl we door de woestijn scheurden. De eerste jaren met Jaap gingen er nog wel dingen mis, zoals het meenemen van de verkeerde spullen. Wat voor slaapzak neem je mee? 's Nachts is het megakoud, dus je hebt een goede slaapzak nodig. Waar ga je dan op liggen, want je ligt voornamelijk op stenen. Ook onhandig was dat je elke keer het luchtbed moest opblazen en de volgende ochtend weer laten leeglopen en weer door. Kleding was ik vergeten in plastic tasjes te doen, waardoor alles onder het zand zat. In de woestijn dringt het zand overal in door.

De eerste jaren hebben we echt moeten gebruiken om met vallen en opstaan te leren leven in de woestijn en dan kom je uiteindelijk aan bij de finish in Dakar bij het roze meer en valt er een last van je af. Kun je voor het eerst in drie weken in een hotel slapen en weer douchen. Wat slaap je dan lekker in een echt bed. Dan ben je blij met alles. Tijdens de laatste editie toen Hans Stacey conform de planning ook echt de rally won met zijn truck, sliepen we in een hotel en heb ik mij lekker laten scheren bij de kapper. Dat was ook een feest, je voelt je direct fris. Het feestje vieren omdat de missie was geslaagd was ook enorm gezellig. Wat waren we blij. Ik kon nog een paar keer mee met het team van Van Ginkel samen met Rob Steltman. Dat was wat meer relaxed. Het was echt fantastisch om het avontuur van Dakar van dichtbij mee te mogen maken en verslag te mogen doen van die helden die daar voor dag en dauw door de woestijn sjezen. De mensen met de motorfiets, met de auto of de truck: ze zijn stuk voor stuk gek op avontuur.

Een ander avontuur dat tijdens de winterslaap is ontstaan, is de theatertour die Olav en ik inmiddels al een aantal jaren succesvol doen: de Formule 1-show.

Het is een bizar verhaal, want uiteindelijk is het ontstaan van de show heel vreemd gelopen.

Met mijn zoon was ik in december (ik weet niet meer precies welk jaar het was) naar de show van Hans Teeuwen geweest. We hebben ons helemaal kapot gelachen en na de voorstelling waren we uitgenodigd in de artiestenfoyer. Ik weet niet meer wie er bij mij en mijn zoon Michael kwam staan, maar uiteindelijk kwam het gesprek op gang om een theatershow te doen over de F1. Maar dan? Wie vind je daarvoor? Wie wil daar als producent bij betrokken zijn? We hadden geen idee. Uiteindelijk is dat plan in een laatje in mijn hoofd opgeslagen en op tweede kerstdag ging dat laatje weer open.

Uiteindelijk heb ik een rondje gemaakt langs de productiebedrijven in en rond Amsterdam. Ik belandde bij Hekwerk Producties van Youp van 't Hek en de man die er aan het roer stond was Hans Floberg. Die was geïnteresseerd en vroeg of ik wat kon voorbereiden voor hem en zijn partner. We hebben daar een soort pitch gedaan waarbij de Formule 1 groot werd en Max Verstappen in opkomst was. Ik had ideeën genoeg en na een aantal gesprekken kwamen we erachter dat het een leuk plan was. Ik terug met mijn huiswerk naar Olav, bij wie ik mijn plan aankondigde. Olav zag in eerste instantie veel obstakels in het reisschema, want we zijn natuurlijk een groot deel van de tijd op pad. Uiteindelijk heb ik een voorzetje gemaakt en heen en weer gemaild met Olav. Zo is het idee ontstaan. We kregen van Hekwerk de opdracht een show van 2 x 45 minuten te maken, met een pauze. Olav zou de videobeelden regelen en zo is er gesleuteld aan het programma. In die winterperiode dacht ik ook van: wie ken ik nog uit mijn vriendenkring van de F1 die verstand heeft van theater? Dat was natuurlijk Huub Stapel. Hij is F1-fan en ik ken hem goed van het *F1 Café*. Ik heb de stoute schoenen aangetrokken en hem gebeld. Hij had een blessure aan zijn been en had alle tijd om te kletsen. Huub zag het helemaal zitten en vond het een briljant idee. Van hem heb ik veel gehoord over hoe het eraan toegaat in het theater. Hij vond Hekwerk ook niet de minste producent. Huub zei dat hij graag wilde helpen. We boekten een aantal try-outs in Amsterdam en Huub zou erbij zijn voor de coaching. De try-out duurde veel te lang, we hadden veel te veel stof en wilden veel te veel vertellen. Er was ruimte om vragen te stellen, maar ook dat liep uit de hand.

Het prachtige was dat Hans Floberg en een aantal van Hekwerk om ons draaiboek vroegen. Ze dachten dat er wel papieren op het podium moesten liggen met de rode draad van het verhaal. Dat was niet het geval, alles zat in ons hoofd. We moesten het echt meer finetunen en wat schrappen. Het was heel lastig dat alles binnen 45 minuten moest passen en het liefst binnen 43 minuten en 14 seconden. We hadden gedacht te kunnen freewheelen, maar dat ging dus niet door.

We hebben uiteindelijk de eerste echte shows gespeeld en dat was heel spannend. De kaartjes vlogen gelukkig over de toonbank tot uitverkocht aan toe. Als ik er nu op terugkijk denk ik: wat een prachtige tijd. Olav heeft die show helemaal in elkaar gezet en we hebben alle bijkomende problemen opgelost. Ik heb me beziggehouden met de ticketprijzen en met de wijze waarop we de show konden promoten. We hebben foto's gemaakt en moesten met theaters om de tafel. Het waren prachtige leermomenten en uiteindelijk hebben we 60 shows gedaan.

Dankzij de hulp van Hans Floberg is het echt een succes geworden. We hebben besloten om in 2022 met een nieuwe show de bühne op te gaan. Sinds kort zitten we bij een nieuwe theaterproducent, AT Next, en die organiseert alles ook ontzettend goed. Dit jaar pakken we opnieuw uit met een nieuw podium, belichting en thema. Het is erg bijzonder dat wij dit mogen doen en op zo'n podium mogen staan in allerlei theaters in Nederland. Het is heel leuk als je in zo'n foyer komt waar foto's hangen van echte acteurs. Wij moeten dan wel even een stapje terugdoen, want wij zijn toch wat minder iconisch. Maar wanneer Jochem Myjer plotseling de artiestenfoyer komt binnenstormen en roept dat hij het een geweldige voorstelling vindt, is dat voor ons wel een hoogtepunt. Zo druk als hij op het podium is, zo druk was hij in het echt ook. Maar het is toch bizar dat de grote Jochem Myjer naar ons kwam kijken? Of Rafael van der Vaart en Rob van Someren die na de show de foyer binnenlopen. Ze drinken een biertje en zeggen dat ze een leuke avond hebben gehad.

Het blijft bizar om live voor achthonderd mensen op te treden, maar het is prachtig om te doen. Het laatste wat we in onze wintertijd hebben bedacht is de Zandvoort Experience. Daar voorzien we fans die niet in Zandvoort aanwezig konden zijn van een leuke 'racing experience'. Daarover las je al in het vorige hoofdstuk.

Dit jaar komt de F1 na de winterslaap weer tot leven na een bizarre ontknoping in Abu Dhabi. Op het moment van schrijven is het inmiddels duidelijk dat Lewis Hamilton komend seizoen van de partij zal zijn. En Max zal met autonummer 1 rijden. Lewis wil uiteraard zijn achtste titel pakken. Het leuke blijft dat we ook niet weten of Mercedes met de nieuwe reglementen een goede auto heeft. Waarschijnlijk zien we bij de wintertest hoe de kaarten zijn geschud. Niemand laat het achterste van zijn tong zien, maar we gaan wel zien wie er van achter naar voren komt en of het middenveld groter wordt. Zijn Mercedes, Red Bull en Ferrari nog zo sterk?

Het speculeren in de winter over wat er komend seizoen gaat gebeuren blijft heerlijk.

3

BIJNA PLANKGAS BIJ DE WINTERTESTEN

Meestal is het koud als we in februari richting Barcelona afreizen voor de eerste wintertest van het seizoen. Er is voor Barcelona gekozen, omdat de teams het circuit al jaren kennen en de data dus beter vergeleken kunnen worden met die van voorgaande jaren. Het is er altijd redelijk weer, maar wel heel erg koud. We zijn er meestal op woensdag, donderdag en vrijdag. Normaal lopen we gedurende het seizoen vaak in een korte broek, maar tijdens de wintertest kiezen we toch voor een lange broek, muts en een dikke jas. Op maandag en dinsdag worden de teampresentaties gehouden. De wintertests zijn pas in 2008 begonnen, maar waarom eigenlijk? De rijke teams konden op hun eigen baan altijd jarenlang beter testen. Ferrari heeft het fantastisch voor elkaar met die baan in Italië, maar besefte wel dat de kleine teams ook een kans moesten krijgen om goed te testen. Max Mosley, een oud FIA-topman, heeft toen voorgesteld de tests gezamenlijk te doen. In 2009 kwam Brawn GP, een klein team, en zij bedachten een dubbele diffuser. De maas in het reglementenboek. Ieder team krijgt hetzelfde reglementenboek, iedereen kan al zijn geleerden erin laten duiken om te kijken wat wel en niet mag. Brawn GP was toen briljant, want het team won een wereldtitel omdat er uit die wintertest een enorme voorsprong was opgebouwd die de rest niet meer kon inhalen. Button won toen vijf grands prix. Vanaf 2009 zitten de tests vooraan in het nieuwe seizoen. Meestal zijn die testdagen bedoeld voor het vinden van de juiste setup, maar data verzamelen is het credo van de wintertest, de rondetijden zeggen vrij weinig. Je weet niet precies hoeveel benzine elke auto aan boord heeft, want dergelijke data geven de teams niet vrij, en er is weinig communicatie naar de media toe. Vanuit het drukke mediacentrum kijken we met veel mensen naar een klein monitortje, zonder beelden, want het FOM filmt het niet als een echte race. Het seizoen begint weer en we kunnen zien hoe de kleurstellingen van de auto's zijn, de overalls en de helmen. Barcelona is het begin van de kriebels van het Formule 1-seizoen. We vliegen vanuit Amsterdam en altijd moeten we zeker een uur wachten op onze bagage. Het is een drama daar. Vervolgens gaan we naar het hotel waar we al jaren zitten. Op twintig minuten van het circuit, zodat we ook lekker dichtbij uit eten kunnen. Uiteindelijk zijn we in 2001 terechtgekomen in de wijk Barberà del Vallès in Barcelona. Daar zitten we eigenlijk altijd in een Campanile Hotel. Het is een vreselijk hotel met slechte bedden en lampen die het niet doen, gordijnen die niet dichtgaan, een douche in een plastic bad. Ik geef het een halve ster, maar dat maakt niet uit, want het ligt naast een shoppingcenter met vijf restaurants, één voor elke avond die we er zijn. Tegenwoordig zitten we ook wel eens in het Exe Barberà Parc in dezelfde wijk. Het is iets chiquer, daar hebben we een luxe fauteuil op de kamer en een tv die het ook doet.

We zitten op het circuit met 300 journalisten in de persruimte en het internet is slecht. Bij elke wintertest is er weer gedoe om de juiste spullen naar Nederland te krijgen. Mijn eerste wintertest voor Ziggo Sport was in 2016, dat was mijn comeback in de pits. Een feest der herkenning voor de collega's van de media en bij de teams. De persdames en persheren van de tien F1-teams veranderen niet veel van team. In 1998, toen ik mijn eerste GP had gedaan en te gast was in de paddock, maakte ik kennis met een aantal mediamensen van de teams, de zogenaamde *press officers.* Bij McLaren hadden ze een heel goede. Bij Minardi hadden ze Silvia Frangipane Hoffer, die nu press officer bij Ferrari is. Bradley Lord was press officer bij Renault waar Alonso wereldkampioen werd en nu is Bradley Head of Communications bij Mercedes. Veel mensen doen nog hetzelfde, maar zijn wel op andere plekken terechtgekomen. Het leuke van die wintertests is dat ze toegankelijk zijn voor de fans. In 2016 was het nog niet zo druk, er was een klein eettentje met hotdogs en blikjes fris terwijl de teams er met hun eigen hospitality naartoe zijn gereisd. De team hospitality is tijdens de wintertests niet bepaald open voor de media. Uiteindelijk halen we al jaren wat te eten en drinken bij dat ene eettentje, tussen alle fans. Het blijft bijzonder om als mediaploeg samen met de fans in de rij te staan voor een hamburger.

Meestal zitten we in het mediacentrum. Het is het eerste gebouw van de pitstraat, daar kijken we op uit en onder het mediacentrum zitten de pitboxen. Vanuit het mediacenter kun je de auto's weg zien rijden en op een klein schermpje zie je eigenlijk alleen de rondetijden. Maar het blijft leuk om je collega's weer terug te zien en even bij te praten. Het is een feest der herkenning om terug te komen in het eigen nest van de Formule 1.

De teams testen onder andere de banden, de motor en de aerodynamica en doen allerlei tests met benzine en met de motor, een van de belangrijkste onderdelen, en zeker in het hybride tijdperk met de MGU-H en MGU-K werd er veel van verlangd en verwacht. Hoe betrouwbaar is de motor? Er worden dan honderden rondjes gereden en het is een kwestie van data verzamelen om de auto en zeker ook de motor te verbeteren.

De aerodynamische onderdelen leveren weer de meest gekke dingen op. Iedereen moet zich uiteraard houden aan de reglementen, maar tijdens de tests zie je zaken die op het randje zitten en dingen die over het randje zitten. Banden en benzinestanden worden uitgeprobeerd, en ook de aeroracks die steeds weer terugkomen.

Vaak zijn er ook grote spanningen en verwachtingen binnen het team tijdens de test zoals bij Adrian Newey van Red Bull. Die heeft uren achter zijn tekentafel gezeten tot het moment dat zijn kindje de baan op ging. Dat is natuurlijk een spannend moment: kloppen de tijden met die van de simulator? Hadden we het wel goed? Er waren zeker vertwijfelde blikken, die we de laatste jaren helaas vaker hebben gezien. De data van de simulaties klopten absoluut niet met de gegevens op de baan. Urenlang zijn ze bezig geweest met de berekeningen en dan klopt er niets van. Ik kan me goed voorstellen dat dan de paniek uitbreekt.

Snelle tijden worden er in Barcelona meestal niet gereden en er is sprake van *sandbagging* om niet het achterste van je tong te laten zien, zoals Mercedes vaak deed. De laatste zes à zeven jaar stond Mercedes niet meer bovenaan op de lijsten van de testen. Men vroeg zich af of dit het einde van een tijdperk was. Mercedes lachte zich dan suf, want die wist hoe de zaken er in werkelijkheid voor stonden.

Ik kan me nog herinneren dat McLaren met de Honda-motoren vaak stilstond. Code rood na code rood: de Honda-motoren waren niet betrouwbaar. Dit kun je je nu niet meer indenken na het wereldkampioenschap met Max Verstappen. McLaren had megaproblemen dankzij de arrogantie van het team van McLaren. De Japanners van Honda zijn aardige mensen, maar zeggen overal ja op en durven geen nee te zeggen. McLaren was toen nog een beetje de erfenis van Ron Dennis. Er waren veel arrogante mensen daar. Zij hebben de Japanners veel pijn gedaan, maar gaven dit niet toe en legden de schuld bij de motorleverancier. Er was geen enkel moment van zelfreflectie. Wat dacht je van de wintertest in 2019? Het team van Williams kreeg het niet voor elkaar om de auto op tijd klaar te hebben voor de wintertest. Het was daar een drama.

De wintertesten, je hebt er eigenlijk niet veel aan. Het enige wat ze opleveren is dat je teams kunt vergelijken. Je kunt wel wat informatie afleiden uit de wintertest, maar je kunt absoluut nog geen weddenschappen afsluiten. Het blijft in Barcelona een beetje vakantie, je rijdt als coureur maar een dagdeel, en de rest van de dag kun je ontspannen en interviews geven, sporten bij de fysio en naar meetings gaan. De teams pakken niet heel groot uit met hun motorhomes, maar het is altijd wel gezellig. De fans mogen in de paddock, er zijn tours door de pitstraat. Het is chaotisch en gezellig tegelijk. Het mooie aan de interviews aan het einde van de sessie van de rijders is dat het team een klein plekje vrijmaakt achter zijn garage. Soms is het een lintje van 2 meter en staan we met 13 ploegen te dringen om vragen te stellen. Mercedes is dan extra streng: gedurende de drie testdagen doen ze niks aan interviews met de coureurs, want ze zijn er niet toe verplicht. Het kan zomaar zijn dat je aan het einde van de testdagen geen enkel interview hebt gehad met Lewis Hamilton. De teams die lager staan in de rangorde willen wel graag pr. Het komt ook voor dat de teams allemaal tegelijk om zeven uur een persmoment achter de pitbox houden. Dan moet je als kleine cameraploeg drie interviews tegelijk doen en dat kan natuurlijk niet. Het is voor een klein team als Ziggo Sport best een opgave om alles in kannen en kruiken te krijgen. Bijzonder is wel dat je met je team weer op pad gaat, je kunt weer even wennen samen met de cameramensen. We hebben 's avonds de tijd om te kletsen over hoe we de rest van het seizoen invullen, we lopen alles door in Barcelona. Hoe reizen we? Hoe is het met de triple headers? Hoe doen we het met de double headers? In Barcelona gaat het altijd weer leven. Waar slapen we? Hoe zit het met de huurauto's? Een groot deel van de organisatie gebeurt ter plekke in Barcelona. We hadden ook tegenslag. Samen met cameraman Wouter Kooistra zou ik terugvliegen naar Nederland en we besloten niet in ons hotel te blijven, maar naar het hotel op het vliegveld te gaan. Daar hebben we vanwege slechte faciliteiten en wifi lang moeten doorwerken om de video's naar Nederland te krijgen. Tijdens die testdagen is er beperkt budget en video's doorsturen duurt uren, want internet werkt nooit mee. Olav reed terug naar zijn huis in Spanje. Wouter en ik gingen naar het hotel bij het vliegveld. We hadden veel bagage met twee koffers en alle apparatuur van de camera op een karretje dat door een meneer bij de receptie werd gezet. We lopen eromheen om in te checken, en in die paar seconden dat we om het karretje liepen om in het hotel in te checken zijn er spullen gestolen, waaronder een peperdure camera en tas van Wouter. Veel was er niet meegenomen, maar er waren heel bewust bepaalde spullen gepikt.

We renden direct naar buiten, maar de bewaking was er opeens even niet. We denken nog steeds dat het hotel medeplichtig is, en we slapen er nooit meer. We moesten in het Spaans aangifte doen en zijn er tot diep in de nacht mee bezig geweest. We gaan sindsdien met een gemengd gevoel naar Barcelona. De laatste jaren zijn we er samen drie keer geweest en elke keer hebben we het er weer over. Bij het politiebureau moesten we een uur wachten totdat de bewakingsbeelden van het hotel binnenkwamen. Toen zagen we dat twee keurige heren in een jasje en een stropdas langs het karretje liepen, de spullen zo meenamen en uit het hotel verdwenen. We zijn beroofd en opgelicht waar we bijstonden.

Het is niet altijd koud in Barcelona en soms heb je geluk met een lekker een voorjaarsweertje. Dan kun je met coureurs praten. Zo heb ik eens gezellig gekletst met Charles Leclerc over wat hij in de winter doet en kwam ik erachter dat hij ook andere interesses heeft dan Formule 1.

Vanuit de teams kwamen er wel eens vragen of de wintertest niet in een warmer land gehouden kon worden. Toen is ervoor gekozen om de wintertest naar Bahrein te halen. Dat ligt immers al een beetje in de richting van Australië waar vóór de pandemie traditioneel de eerste race van het seizoen gehouden werd. De teams vonden het aanvankelijk maar niks, maar in 2020 gingen we uiteindelijk toch voor het eerst wintertesten in Bahrein. Als gevolg van de coronasituatie hadden we veel toestanden verwacht: of we gevaccineerd waren en of we wel konden vliegen. Waar we dachten dat het druk zou zijn, zaten we uiteindelijk maar met zeven mensen in het vliegtuig naar Bahrein.

In Bahrein was er geen lockdown. Je moest wel een mondkapje op en mocht alleen van je kamer af om te eten. Dat was prima te doen. Boven op het dak van het hotel was een zwembadje, waar we lekker een kopje koffie dronken voor we naar het circuit gingen voor de test. Vervolgens moesten we een PCR-test doen op het circuit, en dat elke drie dagen.

Ik kan mij ook nog herinneren dat er een bericht kwam dat Murray Walker was overleden, een fantastische verslaggever. Olav en ik hadden een geweldige relatie met hem en mochten hem 'granddad' noemen. Hij had geweldige uitspraken. In diezelfde periode herdachten wij ook Charlie Whiting, de race-director die twee jaar eerder was overleden. Hij wordt door iedereen nog meer gemist nu zijn positie is overgenomen door Michael Masi, die onder druk stond na de laatste race van het seizoen in Abu Dhabi. Er was veel onterechte kritiek en ik vind het ook erg jammer dat Michael Masi niet mag aanblijven. Max heeft gelijk; hij is voor de bus gegooid. Geen fraaie actie, maar zo zie je maar dat de invloed van een rijder en een team heel groot kan zijn. We dreigen met stoppen en blijven maar protesteren, maar uiteindelijk blijven Lewis en Mercedes en moet Masi het veld ruimen. Zou het karma zijn dat er problemen zijn met de nieuwe auto?

De wintertest in Bahrein verliep goed, want Max stond een paar keer bovenaan en Ferrari lijkt erg sterk te zijn dit jaar. Steeds meer mensen vroegen zich af of Red Bull dan eindelijk het gaatje zou hebben gedicht. Ik kan niet anders zeggen dan dat we het dit jaar fantastisch voor elkaar hebben in Bahrein tijdens de testdagen. Zo hebben we heerlijk gegeten bij een steakhouse. Iedereen is blij dat je er bent, ze zijn er open en gezellig en we gaan dus echt heel graag terug naar Bahrein. Ook is er veel meer te doen voor de fans. De wintertesten in Barcelona zijn zowel voor fans als media dit jaar besloten geweest, maar voor Bahrein wordt er groot uitgepakt en dat was op F1 TV te zien. De wintertests worden dus toch wel steeds belangrijker. Ik ben benieuwd. Op het moment dat dit boek voor je neus ligt is het seizoen alweer in volle gang. Laten we hopen op een mooi spektakel!

4

LEVEN IN DE PORTAKABIN

De eerste F1-race die ik ooit versloeg vond plaats in Canada. Ik had gezegd dat ik wat wilde oefenen voordat ik de rijders zou gaan interviewen. Maar eerst moesten we onze commentaarpositie bouwen. Al onderweg in het vliegtuig vroeg ik me af wat daarmee bedoeld werd. Algauw werd het me helder: je moet je voorstellen dat de commentaarpositie de basis is van waaruit gewerkt wordt. De commentaarposities bevinden zich op het circuit op verschillende plekken, maar meestal boven in de hoofdtribune. Op nieuwe circuits zijn er mooie faciliteiten, maar soms moet je een flinke klim maken. Nadat we in de jaren negentig waren begonnen, was Patrick Hendriks jarenlang onze techneut. In die commentaarpositie werd er altijd een werkplek gebouwd voor Olav. Hij had daar een vaste opstelling met zijn monitor schuin aan de linkerkant, zodat hij met rechts nog net de pitstraat in kon kijken. Patrick wist dat en hij reisde altijd voor ons uit. Vanuit het FOM werd de commentaarpositie verhuurd voor 5000 euro per weekend. Die slimme Bernie Ecclestone heeft goede deals gesloten met de tv-rechtenhouders en kan lekker gepeperde nota's sturen. Het FOM leverde vervolgens het signaal in de commentaarpositie. Er zou een kabeltje worden aangelegd met het signaal en een ander kabeltje gaat weer terug via allerlei leveranciers. Patrick coördineerde dit en zorgde ervoor dat er stroom, tafels, stoelen en schermen kwamen. Het belangrijkste voor mijn werk als pitreporter is dat er ook nog een zender en ontvanger is, want als ik ergens loop in de paddock of pitstraat moet dat signaal ook op de juiste manier binnenkomen en verweven worden met het commentaar van Olav. Het zijn best wat technische snufjes die ervoor zorgen dat jij thuis op de bank het juiste signaal hoort. Audio reist sneller over de wereld dan video en dit moet ergens in Nederland weer gelijk worden getrokken, waarbij er soms een vertraging optreedt van zo'n 3 seconden. Dankzij de glasvezel is daar wel verbetering in gekomen. Nadat Patrick alles voor ons heeft geregeld, komen wij donderdag naar het circuit voor de mediasessies en gaan we ook naar onze commentaarpositie. Daar kijken we of de verbindingen goed functioneren, of het koffieapparaat werkt en of mijn zender het doet. Al die mediateams hebben allemaal hun eigen pitreporters. Dit zorgde voor een hoop geregel, want frequenties moeten vastgelegd worden. Alles moet van tevoren aangegeven worden, dit moet ook weer vanuit het FOM worden geregeld, want die organisatie heeft een chef frequenties. Soms kwamen we erachter dat mijn zender stoorde met die van de Italianen en bleek dat zij op de verkeerde frequentie zaten. Belangrijk dus om dat goed te testen.

De antennes moest je zelf maken, in elkaar schroeven en meenemen. Patrick nam dit dan mee in een grote kist die verstuurd wordt naar het circuit. Het was onze taak op donderdag om de antennes samen met Patrick aan te leggen boven op de commentaarpositie. Dat was mijn eerste ervaring op een circuit. Ik keek mijn ogen uit en vond het heel gaaf. Maar dan moest ik levensgevaarlijke toeren uithalen en kabels trekken, antennes richten en mikken. Ik sta zondag op de *grid*, dus daar moet een antenne komen te staan. We staan ook in de paddock, dus daar moet een antenne komen en daar moet dan weer een kabel aan. Er moest ook een kabel naar beneden worden getrokken die onder het circuit doorloopt naar de andere kant, die vervolgens naar een kastje gaat waar een antenne op komt te staan. Zelf heb ik drie antennes nodig. Je kunt je voorstellen dat het megadruk is op die eerste dagen voor aankomst. Er zijn veel mensen bezig met kabels trekken en controleren.

Op sommige circuits heb je uitstekende faciliteiten en veel ruimte, maar op andere circuits is het een drama. In Japan is het bijvoorbeeld een dingetje dat Japanners geen Engels spreken. Ook de frequenties van onze portofoons moeten elke keer worden gecontroleerd door de organisatie van de circuits, want het is altijd weer de vraag of die frequenties ook in dat land gelden. Is onze frequentie niet toevallig de frequentie van het vliegveld? Er is veel technische ondersteuning nodig voordat je kunt beginnen met de eerste uitzending. Ook dat doen we dus met zijn allen, omdat we maar met een kleine ploeg zijn.

Patrick heeft zijn bedrijf verkocht en nu werken we met Broadcast Rental. Broadcast Rental heeft altijd een extra set apparatuur mee die we laten verschepen, wat veel goedkoper is dan vliegen. Broadcast Rental heeft meerdere klanten, zoals de Oostenrijkers, BBC Radio en vroeger ook Fox Sports. Daardoor is de crew best groot, wat weer handig is voor het vervoer – en om gezellig mee uit eten te gaan.

In die eerste jaren leefden wij vanuit de commentaarpositie. Gelukkig is de mediaparking vaak dichtbij gelegen, maar het is toch veel gesjouw met alle spullen die je niet op het circuit kunt laten staan. Ook hadden Olav en ik een eigen plek in het mediacenter waar we onder andere de interviews konden voorbereiden op donderdag. Ook brachten de teams hun persberichten daar uit en had de FIA allemaal rekken met bakjes waar de uitslagen in kwamen te staan. Dat was allemaal in de goede tijden toen er nog geen sprake was van corona.

We gingen eigenlijk alleen altijd naar de paddock om te kletsen met de teams onder het genot van een kopje koffie, een grote lunch bij Red Bull of soms zelfs een ontbijtje bij McLaren. Olav is gek op Engelse worstjes en ik ben dol op een eitje. Hoe heerlijk is het dat je niet in je hotel hoeft te ontbijten, maar gewoon bij McLaren tussen de gasten en de coureurs? Bij sommige teams ging je via de achterdeur naar de koks en vroeg je om een eitje of macaroni en werd je meteen uitgenodigd om 's avonds terug te komen voor het diner. Daar gingen we dan uitgebreid tussen de rotzooi achter de trailers van de teams een hapje eten. Ook zaten de medewerkers van de teams er uit het zicht te roken en ontstonden vriendschappen waar we jarenlang veel plezier van hebben gehad.

Maar toen kwam corona en mochten we nergens meer in. De schrijvende pers was niet meer welkom en het mediacenter was leeg, want je kon er niet voldoende afstand houden. Wij mochten alleen op de tv-compound blijven waar alle spullen staan en niet meer in de paddock, tenzij het voor een interview was.

Toen we weer voorzichtig gingen racen leefden wij dus vanuit een container, ook wel een portakabin genoemd. Dit werd ook weer vanuit het FOM geregeld en het werd ons 'nieuwe normaal'. Ook daar zette Broadcast Rental alles op. In sommige gevallen was er een koelkast die je apart moest huren. Het was altijd een verrassing of het een XXL was of een mini-fridge. Wij moesten dan na alle PCR-testen en het ontbijt op de kamer op zoek gaan naar een supermarkt en zelf onze boodschappen doen en meesjouwen naar de portakabin.

In sommige gevallen namen we zelf al koffie mee die we meesmokkelden in de tassen, maar sommige landen mag je weer niet binnen komen met etenswaren. Je moest goed nadenken over hoe je je spullen mee kon nemen, maar in een van de koffers van Broadcast Rental was er gelukkig plek voor een koffiezetapparaatje. Leven vanuit de portakabin was niet fijn, je zit de hele dag met elkaar in zo'n hok. Dat mag dan weer wel, want wij waren een bubbel. Daar zaten we dan met mensen van Broadcast Rental, een van de cameramannen, Olav en ik. In sommige landen mocht je wel naar buiten, maar dan wel met je mondkapje op. Kortom, in coronatijd was het niet meer zo plezierig. Je kon niet even gezellig bellen met je familie of vrienden, want iedereen luistert mee. We zaten allemaal op een kluitje en het was soms best wel een organisatorisch iets om alleen al boodschappen te doen. Het was een beetje als leven op een camping. We hadden drie klapstoeltjes die alleen per boot verzonden mochten worden en het was altijd de vraag of ze ertussen zaten op de vracht. Vaak besloten we dus langer in het hotel te blijven omdat dat meer vrijheid gaf. In sommige gevallen gaat alles fantastisch in het hotel. In Bahrein ligt ons hotel in een shoppingcenter. En in dat shoppingcenter zit weer een Carrefour en eettentjes waaronder een pizzeria. Wij konden 's avonds best wel goed eten in sommige landen, ook in coronatijd.

Die portakabin is een belangrijk deel van ons leven geworden de laatste jaren. We dachten op een gegeven moment: we kunnen wel moeilijk doen, maar we hebben een koelkast en alles bij de hand. Toen hadden we ook nog het slimme idee om een tosti-ijzer te kopen en Broadcast Rental te vragen of ze daar nog een klein plekje voor hadden in de kist. Op deze manier maakten we het leven weer wat luxer. We bedachten toen ook dat je veel meer kon met het tosti-ijzer en grilden er worstjes op. Andere partijen op de tv-compound stonden dan bij ons in de rij. Officieel mocht je daar niet koken, maar nadat ik had aangegeven dat het gewoon om een beetje grillen ging, werd het oogluikend toegestaan.

We kregen rondom de periode van de grand prix in Zandvoort een leuke mail van Mora die een airfryer ter beschikking stelde. Die kon helaas niet mee over de wereld, omdat het vervoer te duur was. Rondom de grand prix in Spa slapen we altijd in Maastricht. Iemand van Mora kwam om half zeven 's ochtends snacks in een koeltas brengen. Daar liep ik dan, met mijn duffe hoofd en met mijn haar alle kanten op om de snacks op te halen.

Naast de mevrouw van Mora stond iemand in Red Bull-kleding, die een grote fan bleek te zijn. De jongen vroeg of hij met mij op de foto mocht. 'Kijk even hoe ik eruitzie. Normaal vind ik het goed, maar nu komt het even niet uit. Vanavond als je terugkomt mag je zeker op de foto,' zei ik. Dit bleek verkeerd gevallen te zijn bij de fan en hij was beledigd. De medewerkster van Mora bleek mijn telefoonnummer aan de fan te hebben gegeven, waardoor ik vervelende berichten op mijn telefoon kreeg. Wie geeft zomaar je telefoonnummer aan een boze fan?

Uiteindelijk is het door Mora goed opgepakt en opgelost, maar zo zie je maar dat vroeg in de ochtend niet het beste moment is om mij tegen te komen.

Heel soms is het nog mogelijk om na de race bij de achterdeur van de teams een biertje te halen, maar toch blijft het leven in de portakabin niet ideaal. Met name vanwege het sjouwen van alle spullen na de race of de kwalificatie, want alle spullen moeten weer van het vierkantje, een afgeschermd gebied voor de media binnen de paddock, teruggehaald worden naar de portakabin. Alles wordt dan uit elkaar gehaald en terug in de kisten gestopt. Op zaterdag na de kwalificatie was er altijd nog meer stress, want de spullen moeten wel intact blijven voor de volgende dag en alle accu's moeten weer opgeladen worden. Ook de verbindingen moeten weer gecheckt worden.

Daarna hebben we de tijd om te bespreken wat we de volgende dag gaan doen. Zo is er elke ochtend een morning call. Het is dan mijn taak om met iedereen de bezigheden van die dag door te nemen, met de cameramensen en met de mensen van Broadcast Rental. Ook toen ik thuiszat met coronaklachten leidde ik die morning calls via Zoom of WhatsApp en namen we met elkaar de dag door. Ik plande de interviews en wist precies hoe de dagschema's eruitzagen. Om maar even de grand prix van Saoedi Arabië als voorbeeld te nemen: op donderdag is er de persconferentie en mogen we in de pitlane van half drie tot half vier 's middags en van tien tot elf 's avonds en bespreek ik hoe laat we weer van het circuit naar het hotel gaan. Soms was er namelijk een chauffeur beschikbaar en wist iedereen wat er van hem of haar werd verwacht. Zo was er een interview met David Coulthard dat werd besproken. Op vrijdag namen we de vrije trainingen door. Wie gaan er bij de persconferentie zitten? Wie gaan we interviewen? Een kwartier voor VT2 doen we een audiotest met Nederland en checken we alle verbindingen, onder andere die met Olav vanaf zijn commentaarpositie. Soms maken we in de pitlane shots van degene die we hebben geïnterviewd of focussen we op Max, of Lewis. De dagen vullen zich vanzelf. Op vrijdag interviewden we altijd Max en maakte Olav zijn statement voor het *F1 Café*, waarna we rond elf uur 's avonds naar het hotel gingen. In de tussentijd zorg je zelf voor eten. Als je weet hoe de dag voor ons allemaal is ingedeeld, kan iedereen zorgen dat hij op tijd klaarstaat. Op zaterdag is het wat makkelijker met VT3 en de kwalificatie, gevolgd door de interviews in het vierkantje. De zaterdag is klaar wanneer de laatste coureur klaar is. Dat is wel lastig met bijvoorbeeld het reserveren van een restaurant. De dag van de race zelf is altijd de leukste dag. We stappen 's ochtends vroeg naar het circuit in een goede stemming en aan het eind van de dag nemen we een biertje en sluiten we af. Zijn we tevreden met hoe het is verlopen? Zijn er nog bijzonderheden voorgevallen? In het weekend spraken we altijd af wat we het volgende raceweekend zouden doen. Er is ook elke dag contact met Southfields, die doet de productie voor de studioshows in Nederland. Zo kwam het verzoek of we bij Helmut Marko konden melden dat

Gijs van Lennep te gast is en er even iets persoonlijks over zeggen.

Dit is allemaal veel georganiseer vanuit de portakabin, die is ingericht volgens onze eigen wensen. Olav heeft er een bureau, monitoren en al zijn papierwerk. Ook stond er een tweede bureau voor mij met een aansluiting voor mijn laptop en een geweldige mobiele printer, die overal in de kisten voor verzending paste en ik kon via wifi alles zelf printen. Echt fantastisch geregeld: we hadden een printer, een tosti-ijzer, een airfryer, wat wil je nog meer? Het was geen feest, maar we hadden het eigenlijk best goed voor elkaar. In de coronatijd verhuisden we dus van de commentaarposities naar de portakabin en dit jaar verhuizen de tv-crews weer terug naar de commentaarposities. Dat zal wennen worden, want daar mag je geen koelkast plaatsen en al helemaal geen tosti-ijzer of airfryer!

5

CORONACRASH

In januari 2020 waren in Nederland de eerste signalen van corona zichtbaar. In februari was de eerste besmetting en gingen we voor de wintertest naar Barcelona. Het was al een beetje spannend, want in Barcelona werd er druk gespeculeerd over corona door de mediacollega's, met name door de Duitse RTL-crew. Die wist ons te vertellen dat er vanuit China een heftig virus rondwaarde. Ze zeiden ook dat ze niet naar de eerste race in Melbourne zouden gaan en thuisbleven. Op dat moment hebben we er in Barcelona niet veel aandacht aan besteed, want een virus, dat kon niet zo erg zijn, dachten we. Met de wintertest achter de rug keerden we terug naar huis en vanuit daar zouden we wel zien of er maatregelen zouden komen.

In maart 2020 kregen we een intelligente lockdown.

Zou het dan toch serieuzer zijn dan we dachten? We moesten ons toch klaarmaken voor de eerste grand prix van het seizoen en dat is al jaren traditiegetrouw in Melbourne. We zouden maandag 9 maart 2020 vliegen en samen met Mora een fantastische reclamecampagne doen. Als we voor het eerst de grand prix van Zandvoort zouden volgen, zou Mora een grote campagne beginnen genaamd De Thuiswedstrijd. Het hele jaar vliegen wij de wereld over en eten vreemd voedsel, maar als we daarna in Nederland arriveren zijn we zo blij met die bitterballen! Vlak voor de vlucht naar Melbourne hebben we de hele dag met Mora en met reclamebureau TCC uit Breda opnames gemaakt. Op Schiphol een kroegsetting waarin we zouden arriveren in Nederland. Dat zou dan helemaal in scène worden gezet en worden gemonteerd. Samen met Cora en Flora die moesten zeggen dat we zo blij waren weer in Nederland te zijn en bitterballen konden eten. Dit zou een grote reclame worden bij de grand prix in Zandvoort. Dezelfde dag, 's avonds om tien uur, vlogen we met Emirates via Dubai naar Melbourne. Het is een hele zit van 24 uur. Het duurt wel even voordat je bent bijgekomen van de reis, maar we hadden genoeg tijd om te wennen. Na Melbourne stond de grand prix van Bahrein gepland. Hier in Nederland werd het ondertussen serieus met het coronavirus en de intelligente lockdown. Toen we in Melbourne arriveerden was de situatie vreemd. We kwamen in de paddock en ik kan me nog goed herinneren dat de tent van McLaren dicht was. Je hebt in Melbourne een redelijk oude paddock met garages en elk team heeft een eigen tent. Het is er altijd lekker weer, maar de tent was dicht. We vroegen ons af wat er aan de hand was. Wat bleek: bij het team van McLaren waren coronabesmettingen vastgesteld. We werden nog niet dagelijks getest, er was nog geen protocol.

We wisten niet goed hoe we ermee moesten omgaan. Uiteindelijk kwam op 12 maart het bericht dat McLaren zich terug zou trekken uit de race in Melbourne en dat een teamlid positief was getest op het coronavirus. Dit was best groot nieuws. De beslissing bleek volgens een verklaring niet alleen genomen in het belang van de medewerkers en partners, maar ook voor de andere teams, de fans en aandeelhouders. Vervolgens zaten wij met zijn allen te wachten op een verklaring van de Formule 1. Ze reageerden uiteindelijk ook op 12 maart en lieten weten dat de veiligheid van de fans, de teams en het personeel vooropstond en dat er samen met de autoriteiten gekeken werd welke stappen er moesten worden gezet. De grote baas Chase Carey van de F1 en Jean Todt van de FIA waren ook niet in Melbourne. Ross Brawn moest maar iets roepen en ineens praatte iedereen door elkaar, want iemand van Pirelli was ook positief getest. Daarna ging het als een lopend vuurtje en kwam er een enorme donkere wolk boven de grand prix te hangen. Ons werd meegedeeld dat bepaalde mensen het land niet in konden, omdat Australië uiteindelijk had besloten strenger te zijn bij de grens. Ik kan me ook nog goed herinneren dat op 13 maart definitief besloten werd de grand prix af te gelasten. Het was een rare gewaarwording. We kwamen het circuit op rijden rond een uur of negen en normaal zijn alle fans dan al naar binnen aan het wandelen. Het publiek stond nu nog voor de hekken toen we aankwamen. Op dat moment voelden we nattigheid en gebeurde dat ene waar veel andere mensen al rekening mee hadden gehouden: er kwam geen grand prix van Australië. Het coronavirus sloeg over de hele wereld toe en wij dachten nog wel lekker te kunnen racen. Ze hebben de hele nacht met de teams vergaderd. Red Bull Racing en AlphaTauri wilden nog wel doorgaan, maar de meerderheid was tegen. We hadden wel al gehoord dat China niet door zou gaan, Bahrein zou zonder publiek plaatsvinden en ook Vietnam was afgelast. Gelukkig waarschuwden en bedankten alle teams keurig hun fans en meldden ze dat het een goede beslissing was voor hun personeel. Het was echt een drama op dat moment. Hoe nu verder?

Ook werd er naar de mening van de toen zesvoudig wereldkampioen Lewis Hamilton gevraagd. Hij zei dat hij verbaasd was over het hele F1-circus. Hij zei toen als eerste dat hij hoopte dat iedereen de richtlijnen zou volgen en goed de handen zou wassen. Hij zag iedereen doen alsof het een normaal raceweekend was, maar dat was het niet. De laatste dagen had hij gezien hoe de hele internationale sportwereld drastische maatregelen nam, behalve zijn sport. De F1 bleef achter, aldus Lewis.

Chase Carey was ingevlogen en hield die beruchte persconferentie waarbij we allemaal bij elkaar stonden zonder mondkapje, want dat was toen nog niet aan de orde.

'Helaas gaat deze race niet door,' zei hij. Opeens sloeg de halve wereld in paniek aan het reizen. Alle vliegtuigen zaten vol, maar gelukkig konden we uiteindelijk volgens plan naar Bahrein reizen, om van daaruit door te vliegen naar Nederland.

We zijn op zondag 15 maart teruggevlogen en waren maandagochtend 16 maart weer terug in Nederland, waar het ook onstuimig was wat betreft de pandemie. We zagen in april verlenging van de coronamaatregelen, in mei versoepeling van de maatregelen, in juni testen voor iedereen... en langzaam ging de Formule 1 op slot. De grote vraag was wanneer we weer zouden kunnen beginnen. Iedereen in Nederland was voorzichtig. Gelukkig kon ik mijn andere, tandheelkundige werkzaamheden wel blijven doen, maar het was wachten op het moment dat we weer op pad zouden kunnen voor een race. Uiteindelijk bood Oostenrijk aan om te beginnen, want daar was het relatief veilig. Op zondag 5 juli, bijna vier maanden later, begonnen we met de eerste grand prix van het seizoen op de Red Bull Ring, en de week erna zou er nog een race plaatsvinden. Ziggo vond het goed dat we vanaf die tweede race in Oostenrijk ter plekke zouden zijn. Daar kregen we voor het eerst te maken met de PCR-testen. Ze hadden met het bedrijf Eurofins een fantastisch plan bedacht met allerlei verschillende bubbels. Je hebt de teambubbel, je hebt een bubbel met de schrijvende media en een met de filmende media. De filmende media moesten op de tv-compound blijven en de schrijvende pers zeer beperkt in het mediacenter. We mochten alleen met de auto naar het circuit en moesten ons elke vijf dagen laten testen. We moesten altijd tot aan de laatste dag van het seizoen aan drie voorwaarden voldoen: je moest de voorwaarden bestuderen om te kunnen reizen, je moest de voorwaarden en regels bekijken van het land waar je naartoe ging, en de F1 had zijn eigen regels. Er werd veel druk gezet op Southfields, ons productiebedrijf, waar producenten Roos en Berdien veel werk hebben moeten verzetten om dat allemaal voor elkaar te krijgen. De F1 had een eigen coronamanager aangesteld en die stuurde regels door die voor een bepaalde locatie van toepassing waren. In juli hadden we een anderhalvemeterzomer en liepen de besmettingen in Nederland op. Voor het testen bij Eurofins (het exclusieve testbedrijf voor de F1) moest je een app downloaden en voor de landen waar je naartoe wilde reizen moest je ook een app hebben. In Nederland waren ze nog druk bezig de coronacheck-app te ontwikkelen. In veel landen waren de coronamaatregelen fantastisch geregeld en dat bleek ook met name het geval te zijn in de oosterse landen en in de Golfstaten. Die eerste race zat erop en er volgden meerdere races. Het was echt een bijzondere gewaarwording om elke keer weer zo'n stokje in je neus te krijgen en om te gaan met al die regels, die ook nog eens per land verschilden. In het hotel moest je over van alles en nog wat overleggen, en sommige hotels waren zelfs gesloten. In Engeland moesten we in quarantaine. Ik kan me herinneren dat de twee races achter elkaar op Silverstone verplicht waren voor ons, anders mochten we niet komen.

We moesten ze allebei verslaan vanwege de coronamaatregelen die daar toen golden. Soms werden vluchten gecanceld en races verzet. De race van Spanje was naar de zomervakantie verplaatst. Met de grand prix van Spa waren we heel blij, want die was voor ons dichtbij en daar konden we met de auto naartoe. We hebben uitgerekend dat we samen meer dan 170 coronatesten hebben ondergaan. Je moest er ook rekening mee houden dat als het raceweekend voorbij was, je op tijd de negatieve uitslag van de coronatest had zodat je terug naar huis kon. Het coronavirus hield alles en iedereen in zijn greep.

We hadden er een paar dagen rust rondom de 2021-wintertest in Bahrein. Er was even geen stress, maar wel een lekker zonnetje op het terras boven op het hotel in onze eigen F1-bubbel, lekker een paar dagen vrij. Wel hadden we om de dag die nare PCR-test, maar we maakten even pas op de plaats. De eerste race werd meteen na de wintertest in Bahrein gereden, en daar waren we erg blij mee. Inmiddels was het april 2021 en Nederland kwam langzaam weer tot leven. Maar voor mij persoonlijk brak deze maand een ellendige tijd aan: ik bleek besmet met het coronavirus. De ellende begon met de race in Italië.

In april vond de grand prix van Imola plaats, er was nog niet veel aan de hand. In de auto terug naar het vliegtuig hoorden we dat de test op het circuit twijfelachtig was en dat we op het vliegveld nog een sneltest moesten doen. Cameraman Wouter en ik vlogen op 28 april naar Portimão voor de grand prix van Portugal, en dat vliegtuig was helemaal volgeladen. Olav zou met de auto komen vanuit zijn huis in Spanje en weer terug. Op Koningsdag hoorden we van onze productie dat het hotel in Portimão gesloten was en moesten we uitwijken naar een ander hotel. Met de huurauto was het een uurtje rijden vanaf het vliegveld Faro.

Ons hotel stond links van de Rio Arade. Daar was alles dicht. De straten waren stil, er was niemand aanwezig en alle restaurants waren gesloten. Er was echt een lockdown, maar die info kregen we niet. Aan de andere kant van de Arade in Vale de Areia was wel alles open. Het was vergelijkbaar met toen alles in Nederland dicht was, maar in België open. We besloten om 's avonds toch aan de andere kant een hapje te eten, want in ons hotelletje zaten we opgesloten.

Op de avond van woensdag 28 april besloot ik om Wouter op zijn balkon te interviewen voor mijn boek *De magie van de F1*. Het was gezellig, we hadden wijn en bier gehaald uit de supermarkt. Op vrijdag 30 april om vijf uur 's ochtends ging mijn telefoon. Het bleek Job te zijn, de Nederlandse medewerker van Eurofins die een slechte mededeling had: ik was positief getest. Wij moesten met zijn drieën als bubbel verhuizen naar een quarantainehotel in Portimão. De coronamedewerker van de FIA vertelde dat als we bij het hotel aankwamen, we via de zijingang naar binnen moesten. We kregen een kamer toegewezen met een bewaker voor de deur. Gelukkig zaten we op een kamer met een balkon, daar konden we dan luchten, maar we mochten niet naar elkaar toe en we mochten het hotel niet verlaten.

Daar zaten we dan. Wat nu? We konden geen uitzending maken. We hebben wel gebeld met de mensen van Broadcast Rental. Alle spullen om een uitzending te kunnen maken werden in Olavs auto gezet. De race van zondag 2 mei hebben Olav en ik vanuit de hotelkamer gedaan. Ook de kwalificatie op zaterdag hebben we uiteindelijk met wankelende wifi kunnen verslaan vanuit ons quarantainehotel. Het was echt lastig. We vroegen de mannen van Broadcast Rental om boodschappen voor ons te halen die daarna voor de deur werden gezet. Uiteindelijk kon Olav aantonen dat hij niet met ons had gereisd en kon hij met de auto terug naar huis. Op zaterdag lieten we nog een test doen in het ziekenhuis in Portimão. Wouter en ik bleken de volgende dag beiden positief. Daar waren we niet blij mee, eind mei was de grand prix van Spanje al. Het is opgelost doordat Rick Winkelman die kant op is gegaan en voor Olav was het ook makkelijk, want hij kon vanuit zijn huis in Spanje afreizen naar het circuit. Ook is Matthijs Notten, de andere cameraman, naar Barcelona gekomen en samen hebben ze de uitzendingen kunnen maken. Ik heb de morning calls met de heren kunnen doen vanuit mijn hotel. Officieel mocht ik op zondag 9 mei het hotel in Portugal verlaten. Ik heb het eerste het beste vliegtuig naar Rotterdam genomen en op 10 mei heb ik thuis mijn zestigste verjaardag gevierd.

Ik heb gelukkig weinig klachten ondervonden van het coronavirus. Ik was wel snotterig en had last van wat *brainfog*. Op woensdag 12 mei na terugkomst uit Portugal had ik een hele belangrijke visitatie in de praktijk in

Spijkenisse. Gelukkig is het achteraf goed verlopen, maar ik had er een hard hoofd in, want ik voelde me nog niet helemaal top. Die dagen in het quarantainehotel zijn toch ook wel bijzonder geweest. We hadden internet en de mogelijkheid om te Netflixen, maar op een gegeven moment ben je er wel klaar mee. Om fit te blijven deden we lichte oefeningen en we moesten zelf onze bedden opmaken, stofzuigen en poetsen, en we kregen extra handdoeken en beddengoed. Om twaalf uur gingen we even lekker in het zonnetje zitten op het balkon met prachtig uitzicht op de zee, een muziekje en een kopje cappuccino uit een zakje. Het matras van de bedbank legden we op het balkon zodat we daarop lekker in het zonnetje konden liggen.

Het voelde soms echt een beetje als een gevangenis. Je merkt dan wel wie er allemaal begaan zijn met het feit dat je daar op je hotelkamer zit. Je vrienden en familie vinden je wel, maar het bizarre is dat de meeste mensen met wie je wekelijks werkt en je bazen even vergeten om je een hart onder de riem te steken. Ik heb het persoonlijk als zeer naar ervaren dat er bijna niemand een belletje waagde of een appje stuurde. Ik was er op dat moment wel een beetje klaar mee dat er niet aan ons werd gedacht, en het heeft mij wel een behoorlijke dreun gegeven.

Nadat de PCR-test in Nederland had uitgewezen dat ik geen corona meer had, mocht ik mee naar de grand prix van Monaco. Maar op woensdag in Menton werd ik weer 's nachts gebeld door Job van Eurofins. Ik was weer positief. Olav was woedend, cameraman Matthijs was verdrietig en ik mocht het hotel weer niet uit. Job zei dat hij twee mensen van de Franse medische dienst zou sturen om opnieuw twee testen af te nemen. Ik had op dat moment nergens last van. Het duurt lang voordat je een uitslag krijgt. Het thuisfront van Ziggo had geregeld dat ik voorlopig niet meer met de F1 mee mocht, af moest wachten en zeker tot de grand prix van Bakoe niet mee kon. Dat was al direct geregeld op die eerste dag, terwijl ik nog aan het wachten was op mijn twee nieuwe testen. Uiteindelijk bleken die allebei negatief. De test eerder op die dag was vals-positief.

Achteraf gezien had ik gewoon in Monaco kunnen blijven, maar inmiddels was al geregeld dat Rick Winkelman de komende races zou doen. Boos en teleurgesteld ben ik terug naar Nederland gevlogen. De morning calls heb ik wel kunnen doen. Bakoe ging ook aan mijn neus voorbij, want daarbij was al vastgelegd dat ik voorlopig niet mee zou gaan, terwijl ik allang weer negatief was getest.

Toen kwamen de grand prix van Oostenrijk. Om het zekere voor het onzekere te nemen, ben ik met de auto naar de grand prix op de Red Bull Ring gegaan. Ik zou in mijn eigen bubbeltje de test doen bij de F1. Ik zou wegblijven bij de collega's, want mocht de test positief zijn, dan kon ik direct terug naar huis en hoefden de collega's niet in quarantaine. Gelukkig bleken alle testen negatief.

Ik ben echter wel even teruggegaan naar Nederland voor opnames van het televisieprogramma *The Wheel* en heb een voordracht gegeven voor The House of Sports, waarna ik terugvloog naar Oostenrijk voor de tweede grand prix. Verder ben ik gelukkig gezond gebleven. Corona heeft mij gevloerd, maar ik ben opgestaan, geboosterd en fris voor de toekomst.

6

F1-RECHTEN VAN DE BAAN

Eens in de zoveel tijd wisselt de Formule 1 van rechtenhouder voor de Nederlandse televisie. Het is algemeen bekend dat je voor een aantal jaren een deal sluit met de Formule 1. Het begon ooit met Bernie Ecclestone, die het FOM heeft opgericht. De Formula One Group beheert de commerciële rechten, en die rechten zijn toebedeeld aan de FIA en worden weer beheerd door het FOM. Het FOM is verantwoordelijk voor de verdeling van de promotie en alles rondom de F1. De officiële Formule 1-website wordt beheerd door het FOM en het FOM biedt financiële ondersteuning aan de circuits. Coördinatie en planning worden in samenwerking met de FIA gedaan, de organisator van het kampioenschap. Dan is er nog F1 Licensing Limited, die eigenaar is van de F1-merken zoals het logo. Sinds kort zijn ze aan het uitbreiden met Esports, Fantasy League en F1 Play. Als je naar de website gaat, zie je ook F1 TV Pro en kun je live naar het raceweekend kijken en via de F1 App de live timing volgen.

De laatste jaren is de verslaglegging ontzettend geprofessionaliseerd. Tegen de tijd dat de televisierechten zouden aflopen, stuurde Ecclestone een brief naar alle zendgemachtigden in het land. Als er interesse was, dan kon het gebeuren dat een andere partij de rechten zou krijgen. Dit gebeurde bij SBS6 nadat de F1 jarenlang bij RTL4 te zien was geweest. Bij SBS6 dachten ze eens leuk de rechten bij RTL4 weg te kapen. We hebben toen ook bij RTL gewerkt, maar het was de vraag of ze ons mee wilden nemen. Afwachten is dan de beste methode. Uiteindelijk werden we benaderd door Lex Muller, hoofd sport bij SBS6. Hij had slecht nieuws, want hij moest met ons werken! Bijzonder van SBS6 was dat zij van tevoren hadden aangegeven wel met ons verder te willen. Dit was een mooie uitgangspositie voor onderhandelingen, want er moest nog een contract gesloten worden. Olav had zijn beste contract ooit gesloten en ik was ook zeer tevreden met dat van mij. In de periode met SBS6 was het Michael Schumacher en twee keer Alonso die wereldkampioen werden. Het mooie van die tijd was dat Lex Muller een oud-journalist is, die helemaal gek is van voetbal en ook fanaat werd van Formule 1. Hij ging vaak mee naar de races en dan had hij een schriftje bij zich waarin hij de hele dag aantekeningen zat te maken. Als we ergens stonden te filmen zag je Lex soms achter in het beeld voorbijkomen, want dat vond hij leuk. We kregen alle vrijheid van

SBS6 om te maken wat we wilden, maar we moesten wel het grote publiek aanspreken, dat was onze grootste uitdaging. Lex moest ervoor zorgen dat de mensen die geen verstand hadden van banden en tactiek, ook enthousiast werden over de sport. We hebben echt ons best gedaan om leuke dingen te maken zoals 'Vraag het Jack', waarbij de fans vragen mochten opsturen, wat vaak tot hilarische fragmenten leidde. Ook heb ik met een cameraman door Monaco gescheurd gekleed in een smoking om te kijken wat we voor 10 euro allemaal konden doen in het dwergstaatje. Bij SBS hebben we een hele leuke tijd gehad met een fantastische baas, Eric van Stade, die nu de grote baas bij de AVROTROS is. SBS wilde graag voor drie jaar opnieuw de rechten verlengen, maar toen wilde RTL4 de rechten weer terug en heeft ze meteen voor zes jaar gekocht. Helaas was er toen voor mij geen plek meer in de herberg. Er werd onderhandeld, maar RTL koos voor collega Allard Kalff die al een contract met ze had. Hij zei tegen zijn baas dat hij het er voor niks bij deed en dan sta je machteloos, want die insteek had ik niet. Gelukkig mocht Olav wel het commentaar verzorgen. Het bleken zes vervelende jaren voor mij, want ik miste het werk en vond het ook lastig om naar de Formule 1 te kijken. In die periode was ik wel veel bij Olav in Spanje en hield ik met hem goed contact.

Toen kwam opeens Sport1 om de hoek kijken, die de rechten kocht. Sport1 vond het alleen niet nodig dat er een verslaggever op locatie was. Olav heeft toen duidelijk gemaakt dat hij niet vanuit een bezemkast in Hilversum het verslag wilde gaan doen. Toen hebben ze een andere commentator aangesteld. Het waren grote schoenen voor Ronald van Dam om te vullen, tot het moment waarop de grote baas van Sport1 (wat later Ziggo Sport werd) Will Moerer aan Olav vroeg of hij toch weer het commentaar kon doen. Olav bleef echter bij zijn standpunt om dat enkel en alleen vanaf locatie te doen. Uiteindelijk is de baas overstag gegaan en is Olav in zijn eentje naar de races gereisd. Olav liep daar dan met een handycam bewust onscherpe en slechte videoshots te maken. Daar kwam een hoop commentaar op en zo werd er toch een cameraman bij gezet; langzaam maar zeker stegen de kijkcijfers. Dat leidde ertoe dat ik in 2016 gebeld werd door Kim-Li Hap van Southfields op een congres in Göteborg met het bericht dat Olav had geregeld dat ik weer met hem mee kon. De gesprekken over reizen, geld en verblijf werden goed afgesloten en we gingen weer als vanouds op pad. Aan het eind van het jaar evalueerden we het seizoen. Dat was een van de weinige momenten die we bij elkaar waren met de club die onderweg is en met de mensen van de studioprogramma's, zoals Rob Kamphues, Robert Doornbos en Tom Coronel. Ik weet nog goed dat we in een meeting bekeken of we niet toch een zender mee konden krijgen zodat ik lopend verslag kon doen door middel van een grid walk op locatie. Het was een gevecht om 50.000 euro budget om het voor elkaar te krijgen. Er kwam veel steun van Tom Coronel en Rick Winkelman, die gaven wel aan dat het ongelofelijk gaaf zou zijn als we het voor elkaar zouden krijgen. Uiteindelijk kregen we nee te horen en verlieten we teleurgesteld de meeting. Niet veel later overlegde Will Moerer met de grote baas van Southfields en werd er besloten dat we toch onze loopzender konden krijgen. Het was een feest om met die zender op pad te gaan vanaf 2018. Er volgden mooie jaren met recordhoge kijkcijfers.

In mei 2021 werd er onverwacht bij Veronica Inside door sportmarketeer Chris Woerts bekendgemaakt dat Ziggo Sport de rechten van de Formule 1 zou kwijtraken omdat NENT de rechten voor Nederland zou hebben gekocht. Wij wisten nog van niks. Will Moerer was op vakantie en achteraf bleek dat hij vanaf zijn vakantieadres nog moest gaan opbieden in overleg met het bestuur van Vodafone/ Ziggo. Zoals ik het heb begrepen heeft NENT het tienvoudige geboden voor de rechten en wilden ze per se de Nederlandse markt en de app Viaplay uitrollen. Dit allemaal mede dankzij het succes van Max Verstappen. Collega's van NENT zijn al jaren in de F1 werkzaam, dus wij waren niet verbaasd dat het gebeurde, maar wel dat het zo snel ging. Wij wisten officieel van niks en onze baas had zich nog niet gemeld, maar als Chris Woerts iets roept, weet je wel hoe laat het is, want hij is echt goed ingewijd in die wereld.

Daarna brak er een rare periode aan met veel onzekerheid of ze met ons verder wilden of dat ze wilden verjongen met nieuwe mensen. We vingen signalen op dat er een kans was om met ze mee te gaan en hebben rustig het seizoen afgemaakt in dienst van Ziggo. We zijn continu *in the loop* gebleven en via de roddels op het circuit kwamen er wel kleine dingetjes naar boven. Zo werd de naam genoemd van David Coulthard die voor het Engelse Channel 4 programma's produceert. Chris Woerts had inmiddels ook vernomen dat de grote bazen van NENT afscheid zouden willen nemen van het studioprogramma zoals het *Formule 1 Café* en een studioprogramma op locatie wilden maken, en dat Olav en ik er ook bij betrokken zouden worden. Dit gaf veel onrust bij onze eigen club, maar het waren nog roddels, want we waren nog niet benaderd of gebeld. Robert Doornbos heeft uiteindelijk NENT zelf benaderd en Rob Kamphues kreeg te horen dat Amber Brantsen het nieuwe gezicht zou worden van de studioprogramma's. Ze is een echte fan en haar partner Rachid Finge is een goede vriend van Grand Prix Radio, dus Amber is echt een goede keus.

NENT gaf aan een andere kant op te willen en maakte bekend dat Marco Zwaneveld Head of Sports zou worden van NENT in Nederland. Marco Zwaneveld was voor ons geen onbekende, want wij kenden hem nog van de jaren bij RTL4, waar hij een van de producenten was en met ons de wereld over ging met de races. Daarom is het des te vreemder dat we nooit meer iets van hem hebben gehoord. Als je kijkt naar het verliezen van de tv-rechten, is het meest verdrietige van de hele zaak dat we nooit een belletje van Marco hebben gekregen.

De apotheose kwam in Saoedi-Arabië, waar we op woensdagavond in het hotel aankwamen en het bericht op Racingnews365.nl verscheen dat NENT met twee jonge commentatoren zou verdergaan. We waren *not amused* omdat er op dat moment volgens ons bewust is gekozen een week voor de persconferentie van NENT wat stof te doen opwaaien zodat het daar niet over Olav en mij zou gaan. Het was vervelend dat we daar zaten en vrij weinig konden met alle mensen die ons belden en mailden. Het bleek een slimme, tactische zet van NENT, maar het was voor ons niet heel vriendelijk verlopen, juist omdat we de mensen goed kenden. Ziggo Sport wilde graag de samenvattingsrechten zodat we met Doornbos en Kamphues nog wat konden blijven doen. Maar als er in het leven deuren dichtgaan, gaan er weer andere open. Zo kwam de perschef van het FOM nog naar mij toe met een aanbod om voor hen te komen werken en hij vond het een goed idee om even in Abu Dhabi te babbelen. Dit was wat minder voor de crew, omdat we niet wisten hoe het zat met de cameramensen en wat Broadcast Rental zou doen. Achteraf hoorden we dat ze ook mee zouden gaan naar NENT, maar dat niet hadden gemeld omdat ze het vervelend vonden voor ons dat wij nooit duidelijkheid hebben gekregen. Dat maakte het werken heel lastig, maar we hebben ons erdoorheen geslagen. Het FOM kan met alleen Nederlandstalig commentaar niet veel, maar gelukkig was Olav al druk met de rechten voor Grand Prix Radio en dat was een mooi lichtpuntje voor de toekomst. In januari zijn we met elkaar gaan onderhandelen en het is op het moment van schrijven nog niet helemaal duidelijk wat er precies gaat gebeuren. Radioverslag maken voor GPR en de samenvattingen en *Formule 1 Café* maken voor Ziggo Sport, dat is het doel.

Bij thuiskomst na de laatste race in Abu Dhabi kregen we de kans om onze kant van het verhaal te vertellen bij verschillende radio- en televisiezenders. We wensen NENT heel veel succes, want als je even afstand neemt van de zaak is het mooi dat jonge nieuwe mensen de kans krijgen. De laatste dagen op locatie waren echter minder prettig. Tijdens de laatste race pakten we onze spullen in met het idee er niet terug te komen. Neem je dan afscheid van mensen? In de lobby van ons hotel kwam ik Charles Leclerc tegen die mij aansprak op het nieuws van het FOM en oprecht zei dat ik het zou verdienen. Het gaf me een fijne positieve boost om dat te horen. Ook Daniel Ricciardo en andere mensen van diverse teams staken ons een hart onder de riem en nog geen afscheid genomen in de veronderstelling dat we terug zouden komen. Het verliezen van de televisierechten zorgt altijd voor verschuivingen, maar gelukkig kun je nu kijken naar het beeld van Viaplay, de F1-app of Servus TV, met eventueel het geluid van Grand Prix Radio. We zijn nog niet klaar met de Formule 1!

7

TERUG IN DE PITS

De grand prix van Bakoe en de grand prix van Frankrijk heb ik dus niet kunnen doen. Dat was heel vervelend. De morning call mocht ik wel blijven doen, een belangrijk onderdeel voor het hele team omdat we dat elke ochtend deden. Ik bereid thuis alles voor, waarna we de vier dagen van het raceweekend opdelen. Iedereen weet dan wat er van je verwacht wordt. Het is een werkwijze die ik heb overgenomen van Michael Maas, jarenlang onze producent op locatie bij RTL. Hij had supergoede ideeën over hoe je dat productietechnisch allemaal moet aanpakken. Alles wat ik qua productie op locatie doe heb ik geleerd van Michael. Hij is een ongelofelijk lief mens, een superorganisator en vormde lange tijd een dreamteam met Olav. Als je een beginnend verslaggever bent, zoals ik indertijd, heb je het nog niet helemaal goed door. Maar naarmate je met meer programma's en mensen in aanraking komt, merk je wat een aanwinst hij was. We hebben heel veel plezier gehad met elkaar.

Toen we in het begin van onze carrière eens naar Japan gingen, hadden we nog geen mobiele telefoons. Het was een avontuur, want we konden niet zomaar even iets opzoeken of elkaar bellen. We mochten vaak een paar dagen eerder vertrekken en waren soms wel een week in Japan. Michael had het allemaal voorbereid. We huurden altijd een busje en daarmee gingen we dan vanaf het vliegveld dwars door het land naar het circuit. Japan is een prachtig land, ze rijden er heel gedisciplineerd. De cameraman van dienst was Jan Rein Hettinga, die ook een mooie blog schrijft over zijn camerawerk. Patrick Hendriks was mee als techneut, Olav als commentator en ik als verslaggever. Ik mocht altijd voorin in het busje navigeren en de andere heren zaten achterin met de bagage. Het was dan zoeken naar het hotel. En slapen daar is altijd een drama, want ik pas niet in het bed. De kamer is niet groter dan 3,5 x 2 meter en de kast is 20 centimeter diep. Ook de kledinghangers zijn te klein, allemaal niet gemaakt voor lange Nederlanders. Om te douchen moet ik op mijn knieën zitten om iets van water op mijn hoofd te krijgen.

Maar nu even terug naar de mobiele telefoons: we waren dus in Japan een paar dagen aan het werk. De frequenties in Japan wijken af van de onze en in een winkelcentrum kochten we elk jaar vijf mobiele telefoons met een telefoonkaart. Met een mooie truc die Michael had uitgedokterd konden we de Engelse tekst instellen. Zo konden we elkaar als crew bellen en je nummer doorgeven aan het thuisfront.

In die tijd moest je op Schiphol geld wisselen, want de creditcard accepteerden ze er nog niet. Op een gegeven moment was dat geld op en Michael stelde voor wat extra geld te pinnen. Bij een bankautomaat ging het pasje er wel in, maar er kwam geen geld uit. Volgende bank: ook niet gelukt. Olav en ik hadden onderweg bedacht om Michael wat te plagen. We stopten op een parkeerplaats waar Michael uitstapte en naar een geldautomaat liep. Hij kwam met stoom uit zijn oren terug naar het busje en zei dat het wéér niet was gelukt. Vervolgens liep ik naar die geldautomaat, stopte mijn pasje erin, haalde uit mijn linkerborstzak een stapeltje contant geld en liep terug naar de auto. Je had het gezicht van Michael moeten zien. Michael weer terug naar die telefooncel, waar hij blind van woede steeds maar weer probeerde geld te pinnen, totdat de automaat zijn pas inslikte. De dag erna waren we een hele tijd bezig hem niet te vertellen hoe ik aan mijn geld kwam. We dachten: laten we eerst zorgen dat we die pas terugkrijgen. Onze goedbedoelde grap om Michael op stang te jagen liep helemaal uit de hand. Uiteindelijk hebben we die pas teruggekregen en hem het verhaal verteld. Onder het genot van een biertje hebben we er enorm om kunnen lachen, maar Michael zou ons nog wel een keer terugpakken.

Een paar jaar later hebben ze geprobeerd mij in de maling te nemen. Naast het circuit in Japan staat een kermis met een achtbaan en ze hadden met de organisator van de achtbaan afgesproken dat we een item zouden draaien. Ik houd absoluut niet van achtbanen, maar ging toch zitten en pakte de microfoon om wat te zeggen. Maar de cameraman vroeg of ik de microfoon even terug wilde geven vanwege, zogenaamd, een probleem met het geluid. En ja hoor, vervolgens trok iemand de hendel naar beneden en daar ging de achtbaan: ik was de pineut. Zo was het een over en weer van elkaar in de maling nemen. Briljant!

Van Michael heb ik veel geleerd en met name die al eerder genoemde morning call is erin gebleven. Zo ook op 6 juni 2021 in Bakoe. Die kon ik doen vanuit mijn huis, maar alle trainingen, de kwalificatie en de race moest ik op de bank bekijken. Ik mocht ook niet naar Ziggo toe omdat ik positief was getest. Als je jarenlang in die paddock rondwandelt en je opeens thuis vanaf de bank alles volgt, is dat toch wel raar, kan ik je vertellen. Het was Olav zijn 529e race en voor mij zou het mijn 215e race zijn geweest. Het was de race met de klapband van Max Verstappen. Vanaf de bank thuis sprong ik op en dan realiseer je je weer even hoe de mensen thuis het ervaren. Wanneer zulke dingen gebeuren, sta je versteld en ben je net zo boos als Max was op dat moment. Helaas kon ik hem er dit keer niet naar vragen!

Zoals besloten, was ik ook niet aanwezig bij de race in Frankrijk. Daar was ik zelf niet heel rouwig om, want het is een drama om er te komen en het is lastig om aansluiting te vinden met de Franse fans. Uiteindelijk heb ik toch nog wat coronatesten gedaan in de hoop dat ik kon gaan, maar ze bleken positief. Helaas moest ik dus wederom vanuit huis kijken, en dan is het stiekem toch jammer als je de heren op locatie ziet losgaan.

Gelukkig was ik voor de tweede race in Oostenrijk weer negatief getest en ben ik er in mijn eigen bubbel naartoe gereden, zoals je eerder in dit boek al hebt kunnen lezen. Het publiek was toen weer voorzichtig welkom. We hebben een hotel op fietsafstand van het circuit. Het is een oud hotel met versleten tapijt op de trappen, de schilderijen zijn uit 1300 voor Christus, een kast die naar de verkeerde kant opent en een piepend bed. Allemaal ongelofelijk oude meuk, maar heel gezellig. Een heerlijk dekbed en een fantastische keuken in een klein hotelletje. Er is geen airco, dus 's nachts moet het raam wel open vanwege de hitte. Door het open raam hoorde ik de vele enthousiaste fans, dus echt goed slapen zat er niet in, maar ik was blij dat ik er weer bij was.

Het bleek dat ik zowaar gemist was op het circuit; Fernando Alonso en Charles Leclerc vroegen zich af waar ik bleef en of alles wel goed was. Die waren ook weer blij om mij te zien, Alonso drong zelfs even voor en vroeg naar mij. Het leuke was dat we ook voor het eerst die race weer een grid walk konden doen. We waren blij dat alles weer een beetje als vanouds was. In Oostenrijk hebben we leuke interviews gedaan met George Russell. We wisten dat hij bij Mercedes zou gaan rijden en kregen het verzoek om het er niet al te veel over te hebben. We wisten ook dat Alexander Albon hem zou vervangen. Wij vertellen vaak meer dingen niet dan wel, want we krijgen genoeg mee, maar je wilt je relaties niet beschadigen met het oog op toekomstige interviews.

Een paar dagen later vond de negende race weer plaats in Oostenrijk. De fans slapen gezellig in tentjes op de campings en het is heerlijk om de sfeer weer mee te krijgen, vooral die op de Oranje-tribunes, en alle coureurs vinden het ook heel fijn. Het is een van de best georganiseerde grands prix van het jaar en het is een voorbeeld voor vele andere circuits. Er is goed nagedacht over onze looproutes en op vertoon van je mediapas kun je er terecht voor ontbijt, lunch en diner. Op de tribunes vlak bij de commentaarpositie zijn fantastische invalidenplekken waar je met de lift naartoe kunt. Dit komt allemaal uit de hoge hoed van Red Bull. Er wordt heel goed gezorgd voor iedereen die op het circuit komt. Wij zijn altijd enorm blij als we naar de grand prix van Oostenrijk mogen. We hebben er ooit een prachtig item mogen maken met het team van Red Bull op het ijs. Ik mocht mij verkleden als ijshockeyspeler en die puck proberen te raken. Allemachtig, wat is dat moeilijk. Ik was blij dat mijn enkels niet braken. Afzetten met die ijshockeyschaatsen is niet te doen. Ik stond me daar toch een partij te klootviolen, het was een schande. Gelukkig is het wel een leuk item geworden en heb ik er een prachtig souvenir aan overgehouden: een ijshockeyshirt met mijn naam groot achterop. Net echt! Oostenrijk is de laatste jaren wel een van de leukste races geworden om te bezoeken als fan of om er te werken voor de media. Grüß Gott!

8

TEAMBAZENVETE

Wanneer je als rechtenhouder een gesprek wilt voeren met een teambaas, moet je dat aanvragen en bij elk team is het anders geregeld. Christian Horner van Red Bull is een teambaas die wat dichterbij staat en met wie je makkelijker omgaat dan bijvoorbeeld met Toto Wolff van Mercedes, die veel verder weg staat. Dit komt natuurlijk ook doordat Max bij Red Bull Racing rijdt en we als vertegenwoordigers van Nederland makkelijker en sneller contact krijgen met Horner. Het moeilijkste team om afspraken mee te maken is Ferrari. Maar hoe kom je nou in contact met een teambaas? Bij de teams is dat allemaal duidelijk aangegeven. Je kunt een mailtje of een appje sturen, maar dat bleken ze niet heel handig te vinden. Zo is ook een beetje het vierkantje ontstaan dat is bedacht voor de teambazen. De afspraak is dat de teams met het

FOM verplicht zijn de rijders na de kwalificatie en de race in het vierkantje te brengen voor de rechthoudende tv-zenders en de teambazen op vrijdag om 13.00 uur tussen de twee vrije trainingen in. Dit is heel helder afgesproken en wordt ook in een roulatiesysteem geregeld. Dit seizoen was de mediadag niet meer zoals we het kenden. Het voordeel was dat de teambazen op geregelde basis naar de persconferentie kwamen en erna nog langs het vierkantje.

Met Bradley Lord van Mercedes ben ik ooit samen begonnen in Australië toen hij nog als stagiair bij Renault werkte. We hadden afgesproken dat we elke avond even zouden doornemen wat we hadden geleerd en wie we hadden leren kennen. In die tijd liep je gewoon met je microfoon in de hand de paddock in en kon je vragen stellen. Tegenwoordig is alles strak gereguleerd en vastgelegd en zijn er meer gasten in de paddock, die ook veel drukker is dan vroeger. Indertijd liepen we als crew een beetje door de paddock, nu moet alles via de planning geregeld worden. In de coronaperiode was het ook nog veel moeilijker en mocht je niet naar binnen bij de teams. Vaak is de Head of Communications op de thuisbasis aanwezig en zijn er op locatie twee press officers die elk een coureur bijstaan met hun memorecorder. Met die press officers maak je de afspraken op het circuit, daar heb je een lijntje mee. Als we de teams langslopen is dit het meest professioneel georganiseerd bij Ferrari. Daar heb je Silvia Frangipane Hoffer, die ooit begonnen is bij Minardi als press officer. Vervolgens is ze overgestapt naar McLaren, waar ze alles mooi heeft opgebouwd en mensen heeft opgeleid die daar nu press officer zijn sinds haar overstap naar Ferrari. Ze was in de zevende hemel toen ze bij Ferrari terechtkwam. Silvia ken ik al meer dan 25 jaar, dus een afspraak maken met de rijders van Ferrari is eenvoudig. Niet dat andere zenders geen afspraak kunnen maken, maar je hebt wel een streepje voor als je een mailtje stuurt. Maar natuurlijk krijgen we ook nog wel eens nul op het rekest.

Op de grid zijn alleen de gesprekken met Ferrari van tevoren ingepland. Bij alle andere teams wandel je ernaartoe en als ze geen tijd of zin hebben, wijzen ze je ter plekke af. Wat bij Ferrari ook anders is: alle vragen die je wilt stellen moet je van tevoren opsturen, dus bij een een-op-een-interview zijn alle vragen goedgekeurd. Als je *Drive To Survive* hebt gezien op Netflix weet je dat Silvia alle interviewvragen die gepland staan 's ochtends doorneemt met de coureur en aangeeft welke antwoorden belangrijk zijn voor het team en voor het merk Ferrari. Het is ongelofelijk goed georganiseerd bij Ferrari, maar er valt natuurlijk ook te zeggen dat het niet leuk is dat het op deze manier gaat. Dankzij Silvia hebben we een klein streepje voor ondanks het feit dat we geen relatie hebben met Carlos Sainz en Charles Leclerc zoals we die met Max hebben. Ze weten inmiddels dat wij niet alleen gefocust zijn op Max. Zo ken ik Carlos Sainz al sinds hij bij Toro Rosso (nu AlphaTauri) zat met Max. Carlos en zijn vader Carlos sr. zijn hele aardige mensen, we hebben een goede band opgebouwd en ze vertrouwen ons. Je moet wel vaak al drie maanden van tevoren melden dat je een interview wilt doen, maar het is me nog nooit overkomen dat we gezeur kregen als we afweken van de vragen die we hadden ingestuurd.

Wat helemaal mooi is aan Ferrari is dat ze altijd een jaarboek sturen met hoogtepunten van het seizoen en een mooi kerstpakket met daarin een bedankkaart die persoonlijk is ondertekend.

Ook Mercedes heeft de zaken goed geregeld. De press officers lopen mee in het vierkantje en moeten aan het einde van de dag een persbericht sturen, waarin ze proberen de beste en leukste quotes van alle interviews samen te vatten tot een mooi geheel. Bij Lewis loopt Rosa Herrero vaak mee en dan is het een ander verhaal. Die heeft geen memorecordertje mee, want Lewis weet wat hij wel en niet wil zeggen. Hij is niet de makkelijkste en zwaar door de wol geverfd. Hij ziet precies bij welke microfoon hij staat en weet wat hij zegt tegen de Nederlandse crew. Hij is slim en doet niets buiten de afspraken om. Op donderdag in het vierkantje, na de kwalificatie in het vierkantje en verder niets. Als je tegen het team zegt: 'We zijn van Ziggo en we zijn in Zandvoort,' krijg je nog wel akkoord, maar verder krijg je niets. Tijdens de wintertesten doet hij ook niets aangezien het geen FIA- of FOM-evenement is. Lewis is de enige die bij de wintertest niks doet. Bij Mercedes is het goed afgetimmerd en dichtgespijkerd, en is er een goede lijn met Head of Communications Bradley Lord. Ze hebben ook een fantastisch goede appgroep waar we allemaal in zitten. Tijdens de race krijgen we data door en horen we het als er iets aan de hand is met een van de rijders en wat daarvan de oorzaak is. De informatievoorziening is goed geregeld bij Mercedes, maar het is allemaal wat afstandelijker. Ze doen niet zo gezellig mee. Zoals ik in eerdere boeken beschreven heb, is het vaak druk en als je als kleine tv-ploeg soms even het vierkantje moet verlaten voor iets anders en je dan net toevallig Lewis mist, krijg je de kans ook niet meer. Het is een keiharde business.

Zo is het team van Renault een tijd lastig geweest, omdat ik er problemen had. Olav maakte wel eens kritische opmerkingen tijdens zijn commentaar in de periode dat Renault nog de motor was achter in de Red Bull. Dit kwam op een of andere manier in de paddock terecht en vervolgens konden wij niet meer praten met de rijders van het team van Renault. Gelukkig was Nico Hulkenberg op dat moment nog erg Nederlandsgezind en kregen we het toch voor elkaar. Als wij een een-op-een aanvroegen met Daniel Ricciardo kregen we nul op het rekest en werd het steeds vooruitgeschoven. Hoe dat kwam? Het team van Renault is een Engels team. Er zitten Engelse mensen in de basis, het team zit ook in Enstone in Engeland. Ineens kwamen er allemaal nieuwe mensen bij en namen ze een eigen persdame mee, die de press officer van het team moest helpen. Wij zien vaak een heel mooi, solide team op tv, allemaal mensen met dezelfde outfitjes aan, maar ze ontmoeten elkaar alleen bij een raceweekend. Op donderdag komen die mensen aan vanuit Engeland en Frankrijk, en is het niet duidelijk wie waarvoor verantwoordelijk is. We kwamen er maar niet doorheen. Tot overmaat van ramp was er nog een akkefietje met Esteban Ocon. Ik stond voorafgaand aan een interview met Lando Norris te praten en dacht dat hij Ocon een 'French fuck' had genoemd over de boordradio. Toen ik Norris daar – wel al met open microfoon – naar vroeg, liep Ocon langs. Dit werd uitgezonden door een niet oplettende collega in Hilversum en dat heeft een hoop gezeik opgeleverd. Het is bij de bazen bij Renault en Ziggo Sport ter sprake gebracht. De baas van Ziggo bood nog excuses aan namens de zender, maar daarmee was de kwestie nog niet opgelost. Sinds Fernando Alonso weer bij het team is, is de rust wedergekeerd. Ik ken hem heel goed, ik heb enorm veel waardering voor hem. De laatste periode met Esteban Ocon als goede oude vriend en Fernando Alonso is het weer bijgedraaid en de press officers bij Renault hebben ingezien dat het allemaal wel meevalt.

McLaren steekt met kop en schouders boven de andere teams uit. Dankzij de erfenis van Silvia Frangipane Hoffer hebben ze jonge mensen aangenomen. Ze hebben het goed voor elkaar en Silvia heeft het stokje overgedragen aan Charlotte Sefton en Connor Bean. Ze hebben enorme mazzel dat ze ook een goede teambaas hebben aan Andreas Seidl, want onder Ron Dennis was het maar deftig en kakkerig. Dat moest anders en met zijn tweetjes hebben ze het echt goed opgepakt. Bij McLaren waren we als een van de weinige niet-Engelse teams altijd van harte welkom om te komen ontbijten, waar Carlos Sainz soms ook aanschoof met z'n pa. Dit jaar stapte Jamie Fox binnen als Head of Communications bij het team van Red Bull Racing. Hij had ervaring met andere sporten en wist niet veel over F1, maar hij heeft het snel opgepakt en snapte het spel direct. Ook het vertrouwen is goed opgebouwd; hij weet dat als hij me iets vertelt, ik dat niet zal misbruiken.

Toen kwam de wereldkampioenschapsstrijd tussen Max en Lewis die ook een beetje dreigde te ontsporen. Maar hoe zit het nou met Horner en Wolff? Hoe zijn die nu de laatste tijd om elkaar heen aan het draaien? Het ging aanvankelijk om een vete tussen Horner en Cyril Abiteboul, maar dat is gekanteld naar Horner versus Toto Wolff. Hier is maar één verklaring voor en die is Niki Lauda. Hij is ons ontvallen, echt vreselijk, wat een ongelofelijk gave vent was dat. Hij liep daar in een oude spijkerbroek, vertrapte schoenen en het bekende rode petje van zijn sponsor. Hij zei wat hij dacht, gaf soms mooie oneliners en het maakte hem allemaal niet uit. De ene dag zei hij dat Max in een gesticht thuishoort en de andere dag was hij helemaal geweldig. Maar nu Niki Lauda er niet meer is, is de spanning enorm voelbaar geworden. Het begon in Silverstone, waar Lewis Hamilton Max van de baan reed. Toen liet Christian Horner opeens zijn tanden zien en schoot het mes in de rug van Toto Wolff. Tot dan toe was het allemaal goed gedaan dankzij de fantastische rol van

Niki Lauda. Hij was ingehuurd door Mercedes en werkte voor hen, maar ontbeet elke dag in het raceweekend met Helmut Marko. Die waren bevriend, deden er een mooi servetje om en werden bediend. Dit was altijd goed zichtbaar voor de media en juist daar werd de druk van de ketel gehaald. Je zag dat ze als twee oude wijze mannen zeiden van: 'Joh, laten we dat nou maar niet doen, stop met dit protest, laten we gewoon proberen dat op de baan uit te vechten.' Dan was de lucht zo weer geklaard.

Voor Red Bull Racing was de maat echt vol in Silverstone toen Lewis Hamilton op het podium feest vierde met zijn Engelse publiek, terwijl Max Verstappen in het ziekenhuis lag voor een scan van zijn hoofd (zie hoofdstuk 15). Toen gingen alle alarmbellen af bij Christian Horner. Ik denk Jamie Fox veel heeft gedaan om het imago van Christian Horner als Engelse buurman te veranderen in het imago van iemand die zegt waar het op staat. Uiteindelijk is dat gedurende de rest van het seizoen essentieel geweest wat betreft die vete, als je het zo mag noemen, want tussen de teambazen werd het steeds erger. Ik weet nog heel goed dat ik Horner in positieve zin zag veranderen, terwijl Toto Wolff almaar grimmiger werd. Sinds het tragische overlijden van Niki Lauda zie je in mijn beleving echt een verandering bij Toto Wolff: zijn lontje is korter geworden. Vroeger was er bij Mercedes nooit wat aan de hand. Het was een geoliede machine. Keurig Duitse *gründlichkeit*, maar langzaam brokkelde het af, en dat kwam door de racekwaliteiten van Max Verstappen.

Ik merkte ook dat mijn relatie met Toto steeds slechter werd. Hij was kortaf en ik weet niet meer in welk vierkantje het was dat ik zei: 'Hé Toto, ik heb een theorie: jij geeft die Bottas elke keer nieuwe motoren en een grid penalty om ervoor te zorgen dat je aan het einde van het seizoen heel veel munitie hebt bij Bottas om Max van die titel af te kunnen halen.' Hij keek me aan en zei dat ik op het verkeerde spoor zat. Toen zei hij iets wat er voor televisie uit is geknipt. Hij vroeg of ik dronken was en wat ik zat te lullen. Daar ben ik enorm van geschrokken. Zegt Toto Wolff dat nou tegen mij? Wat is dit? Ik stond flabbergasted te kijken en achteraf dacht ik: dit vind ik helemaal niet netjes van een teambaas. Dat zeg je toch niet?

Uiteindelijk ben ik later die dag naar Bradley Lord gegaan, de Head of Communication bij Mercedes. Hij had gelukkig even de tijd en ik vertelde hem dat ik het niet accepteerde. Wat bleek: Mercedes had een heel dossier van mij waarin stond: 'Jack Plooij: Wolff liegt.' Er zijn dus mensen die de uitspraken van mij in het *Formule 1 Café* of bij de *F1 aan Tafel*-podcast gewoon vertalen en daar headlines van maken. Mercedes pakt die oneliners klaarblijkelijk op.

Ik was helemaal uit het veld geslagen toen mijn vriend Bradley Lord, met wie ik al dertig jaar samenwerk, zei dat ze een dossier over mij hebben. 'Op een gegeven moment is het klaar, hij bijt nu terug,' zei Bradley. Ik vroeg of die artikelen kon krijgen; gelukkig kreeg ik ze en uiteindelijk ben ik erachter gekomen waar het mis is gegaan. Blijkbaar heb ik in *F1 aan Tafel* geroepen dat Toto Wolff een leugentje om bestwil gebruikte en heeft iemand dat 'vrij vertaald'. Gelukkig kon ik het fragment terugvinden. Ik heb het meegenomen naar Bradley en aangegeven dat ik niet zo anti-Toto Wolff was als ze dachten. Uiteindelijk heb ik Toto tijdens mijn grid walk rechtstreeks benaderd. 'Ik snap je reactie,' zei ik. 'Ik heb die shit ook gelezen, ik vind het niet fijn en heb het bij Bradley uitgelegd.' Toto was daar tevreden mee, we deden een high five en het was weer uit de wereld. Een stukje van deze vete is te zien in *Drive to Survive* op Netflix.

De teambazenvete werd steeds heftiger, dus het was mooi om te zien dat de heren bij de laatste race van het seizoen bij de persconferentie zaten en ervoor zorgden dat het een rustige persconferentie werd zonder olie op het vuur te gooien. Natuurlijk hoef ik niet meer uit te leggen hoe de laatste race is verlopen en wie de wereldtitel heeft gepakt. Maar het staat buiten kijf dat die apotheose alleen maar heeft geleid tot meer gedoe. We waren nog niet gefinisht of Mercedes protesteerde al en Toto riep dat het kampioenschap gestolen was. Ik neem het Lewis Hamilton ook nog steeds kwalijk dat hij na de race niet in het vierkantje is verschenen. Ik heb hem hoog zitten als rijder en mens, maar dat was niet netjes. Natuurlijk hebben we gezien dat hij Max feliciteerde en dat Lewis' vader Anthony er nog even bij kwam tijdens dat prachtige moment met Max en Jos. Als het voor Lewis niet gaat hoe het moet gaan, is hij vaak een beetje in de war. Het is juist de kracht van Max om op het goede moment te pieken.

Toch ging Toto Wolff niet als eervolle verliezer van het circuit af, hij ging onder protest. Het mooiste om te zien was dat het team van Red Bull met teammanager Jonathan Wheatley naar de stewards ging. Maar wat deed Mercedes? Die nam een advocaat mee, er was op gerekend. Wat een zwaargewichten.

Zelf vind ik echt dat ze Max en het team het feestvieren van het wereldkampioenschap hebben ontnomen, ik vind het echt onwaardig van het team van Mercedes en Toto Wolff. Daar misten ze dus de grote baas Niki Lauda.

Niki Lauda was ook de enige die bij Olav en mij in het item 'Geen Ja/Geen Nee' de rode kaart niet wilde pakken, omdat hij hem niet nodig had. Zo stond hij erin: de man die extra levens heeft gekregen na de welbekende crash. Hij was ook constant bezig een vliegtuigongeluk met zijn vliegtuigmaatschappij Lauda Air tot de bodem uit te zoeken en te bewijzen dat er iets was misgegaan met vliegtuig en niet met zijn crew. Hij ging tot het gaatje en zo stond hij ook in de Formule 1. Hij genoot van het gevecht en moest in het beginnen wennen aan Max' rijstijl, maar vond hem uiteindelijk goed.

Het hoogtepunt moet wellicht nog komen: wanneer gaan Christian Horner en Toto Wolff elkaar weer verbaal te lijf? Waar begraven ze de strijdbijl? Ik heb de gedragsverandering van Horner, die fanatieker werd en bijdroeg aan de houding binnen het team, als heel positief ervaren, maar de gedragsverandering van Toto Wolff vond ik minder prettig, dit had ik niet van hem verwacht. De andere teambazen hebben wel gesmuld van deze vete. Die zijn ook afhankelijk, want Toto Wolff riep in Monza dat hij wel groen licht wilde geven voor Porsche en Audi om toe te treden tot de Formule 1. Dit zou betekenen dat hij afstand moest doen van een belangrijke troef, de MGU-H, het succes van hun wereldkampioenschappen. Dat is best een dingetje. Toto Wolff vond het verschrikkelijk, wat de kleinere teams juist samenbracht omdat zij vonden dat Wolff de toetreding hiermee tegenhield. Daar komt bovenop dat Ferrari een vetorecht kon uitoefenen vanwege een deal met Bernie Ecclestone, die hij afsloot om ervoor te zorgen dat Ferrari sowieso onderdeel is van het wereldkampioenschap, dat daarvoor tevens een bonus krijgt. Het is wel bizar dat Ecclestone dit heeft afgesproken, maar met het nieuwe Concorde Agreement gaan de geruchten dat deze deal eruit gehaald is. Dit is alleen niet zichtbaar voor ons en is alleen bekend bij de teams die getekend hebben en bij de F1-organisatie. Natuurlijk lekt er wel eens wat uit en worden er wel dingen gedeeld. Ik kijk enorm uit naar het toetreden van nieuwe teams en merken en het compromis van Toto Wolff, en ik ben benieuwd of hij na de slechte seizoenstart weer terugkeert op zijn oude, professionele niveau.

9

RACEVRIENDEN

Als je op televisie bent, kom je natuurlijk regelmatig nieuwe mensen tegen die met jou zakelijk iets willen ondernemen en jou al vrij snel als vriend beschouwen. Er zijn wel leuke uitzonderingen zoals Rob Kemps, de presentator van *The Wheel* op SBS, maar we kennen hem ook als het gezicht van de Snollebollekes en winnaar van *De Slimste Mens.* Hij won daar onder meer van Emma Wortelboer en Andries Tunru. Het programma werd in 2021 uitgezonden en Rob was een enorme verrassing voor mij. Hij is zanger, een echte Brabander en doet heel veel in de carnaval en après-ski. Als je kijkt wat er op zijn cv staat, is hij entertainer, schrijver en zanger. Zijn grootste act is natuurlijk de Snollebollekes, die we kennen van het liedje 'Links Rechts'. Dankzij Rob werd ik gevraagd mee te doen aan *The Wheel.* Ik werd uitgenodigd als expert aan te schuiven door zijn manager Kristien van Dillen, die inmiddels ook een zeer goede vriendin is.

Een dag voor de opnames van *The Wheel* vond de grand prix van Oostenrijk plaats en vanwege de coronaperikelen was het nog niet duidelijk of ik mocht gaan. Uiteindelijk ben ik met de auto heen en terug gegaan, heb ik zondag na de race overnacht in Regensburg en kwam het perfect uit om op maandag op tijd bij de opnames aanwezig te zijn. *The Wheel* heeft een bekend format uit het buitenland en het succes was gegarandeerd. Ik zat er met Henny Huisman, René Froger, Samantha Steenwijk, Frank Evenblij, Bobbi Eden en Bert van Leeuwen op het bekende *wheel*. Rob Kemps is echt een ongelofelijk aardige gast en een megatalent. Hij appte me nog tijdens de laatste race om me succes te wensen en stuurde me een uitnodiging voor een nieuw feestje.

Na de opnames van *The Wheel* zou ik weer naar Oostenrijk vliegen, maar ik had daarvoor nog een avondje vrij. Toen ben ik benaderd door House of Sports met de vraag of ik voor alle medewerkers een leuk verhaal kon vertellen over Formule 1. Na mijn voordracht bleek dat iedereen twee kaartjes kreeg voor de grand prix van Zandvoort. Iedereen was natuurlijk laaiend enthousiast. Inmiddels word ik regelmatig uitgenodigd door Sport Speakers, dat onderdeel is van House of Sports, om een praatje te houden, bijvoorbeeld een verhaal in het kader van teambuilding in combinatie met F1. Via die weg heb ik ook een nieuwe vriend leren kennen: Bas van Veenendaal. Hij doet bij Ziggo veel op het gebied van voetbal en is begonnen bij RTV Utrecht. Vervolgens werd hij commentator bij Eurosport, waarna hij naar Eredivisie Live vertrok, en ook bij RTL en Talpa is hij bekend. Hij weet ontzettend veel van voetbal, en is ook nog een fantastische vent. Toen Rob Kamphues corona bleek te hebben, kwamen we op het idee om Bas te vragen hem tijdelijk te vervangen en we hebben hem daar ook bij geholpen. Achteraf bleek dat Bas ook in beeld was bij NENT van Viaplay, maar uiteindelijk heeft Amber Brantsen deze strijd gewonnen. Bas heeft het echt goed gedaan in de afleveringen die hij heeft waargenomen. Hij was ook een van de weinigen die mij belde om te vragen hoe het met me ging toen ik vastzat in Portugal, en regelmatig vroeg hoe het ervoor stond met Viaplay.

Mijn nieuwe vriend William Reitsma, dat is een speciaal geval. Hij is al jaren de businesspartner van Gaston Starreveld, die ik ook echt al jaren ken, een racefan in hart en nieren en onderdeel van RaceMakkers. Gaston is een druk baasje, hij doet nog steeds veel en is een goede vriend. Af en toe zitten we een glaasje wijn te drinken en dan schuift William gezellig aan. We zaten voor corona eens in Huis ter Duin na een avondje simrace toen we op het idee kwamen van de Grand Prix Dinnershow. William Reitsma is daarbij belangrijk geweest en heeft het opgepikt, groot gemaakt en gekeken naar het totale plaatje. Reitsma heeft uiteindelijk ook contact gelegd met Van der Valk, met wie er een exclusieve deal werd gesloten. Het is de bedoeling dat we de Dinnershow in drie gedeeltes doen, waarbij de F1 centraal staat. We zullen de gasten die daar zitten te genieten van het eten en drinken voorzien van lol en Formule 1. Het hilarische van deze show zal de bingo zijn, met als klap op de vuurpijl een disco, waarbij de gasten lekker kunnen dansen. Reitsma kent veel mensen in de evenementenbranche. We hebben ook voor bedrijven Formule 1-quizzen via Zoom gedaan, waar David Coulthard ook bij betrokken was. William gaat vanaf dit seizoen ook mijn zaken regelen en mooie afspraken maken met de diverse opdrachtgevers.

Ook heb ik wat vrienden gemaakt bij de mensen van Netflix die *Drive to Survive* maken. Die vroegen of ik een screentest wilde doen. Dit heb ik gedaan in Sotsji in een fantastisch hotel in een heel klein kamertje. Ze wilden weten wat ik van Max en Lewis vond, dit mocht eerst in het Engels en daarna in het Nederlands, omdat ze wilden weten of ze een Nederlandse versie konden maken. Helaas gaat het programma niet door, omdat NENT verdergaat zonder mij. Ik zou in 2022 een van de voices en gezichten van *Drive to Survive* worden, maar helaas is dat contract verscheurd en dat doet mij echt zeer. Ik had voor de serie graag iets verteld over de hoofdrolspelers in het kampioenschap. Wellicht komt er de komende jaren nog een nieuwe kans als de FOM en ik het eens gaan worden.

Eerder had ik het al over Ferri Somogyi, ook hij is een enorm goede vriend dankzij RaceMakkers. En geweldig nieuws dat Tim Laurs, onze racedirector bij Racemakkers, nu voor Ferri's bedrijf gaat werken. Succes, Tim, je hebt het verdiend.

Frank Evenblij ken ik ook heel goed, we kennen hem als presentator bij Ziggo Sport. Hij maakte voorheen met Erik Dijkstra onder andere *Andere Tijden Sport*. Hij is een superleuke collega en een echte workaholic. Met Frank ben ik aan het kijken of we samen wat leuks kunnen bedenken op het gebied van sport en wellicht iets leuks kunnen maken voor op tv.

Nieuwe vrienden betekent ook oude vrienden en in de pits is dat lastig. Als je in de pits kijkt wie uiteindelijk je vrienden zijn, zijn dat toch vaak je collega-verslaggevers en de journalisten. Inmiddels ben ik goed bevriend geraakt met Erik van Haren van *De Telegraaf*. Hij heeft een goed netwerk en ooit zijn we samen op het spoor gekomen dat Honda afscheid zou nemen van de F1. We hadden dit via onze eigen lijntjes vernomen en samen zijn we op onderzoek uitgegaan en hielden elkaar op de hoogte. Zo hoorde ik via een andere journalist dat er een grote Japanse baas was aangenomen die meer liefde had voor tweewielers in plaats van vierwielers. Er zou een groot probleem zijn bij de Honda-motoren. Ze hadden een fiasco gehad bij McLaren, daar waren ze niet fijn behandeld en geschoffeerd. Daarna zijn er bij Honda nieuwe mensen aangesteld die zeiden te willen stoppen met de F1. Zo ontdekten we dat de jaren met Red Bull Racing voorlopig de laatste konden zijn. Erik heeft er prachtige reportages over gemaakt voor de krant. Uiteindelijk is het prima opgelost, want de grote portemonnee van Red Bull heeft ervoor gezorgd dat de Honda-motor in de toekomst weer kan worden gebruikt. Ik ben natuurlijk erg benieuwd hoe het gaat lopen met de nieuwe motoren en de terugkeer van Honda in de F1.

Een andere vriend in de paddock is Job. Hij werkt voor Eurofins en is een fantastische vent, zelfs al moest hij mij een paar keer bellen met het bericht dat ik een positieve coronatest had. Hij heeft mij wel enorm goed geholpen, omdat hij er ook niks van begreep hoe ik eerder nog negatief getest was en toen weer positief. Hij stuurde toen mensen naar me toe voor twee nieuwe testen. Hij heeft een belangrijke rol gespeeld en was een van de eersten die appte dat we niet meegingen naar NENT. Dat zijn fijne collega's.

De mensen van de catering zijn ook heel belangrijk, maar tijdens de coronaperiode was dat contact helaas minder dan gewoonlijk. Voor die tijd kreeg je een appje dat ze nog eten over hadden en of we nog wat koffie kwamen halen. Bij Red Bull Racing mag iedereen die toegang heeft tot de paddock daar komen eten. Wat je ook doet in de paddock, je bent altijd welkom. Dus ook de jongens van onze technische ondersteuning mogen tussen de middag komen eten. Red Bull Racing snapt echt hoe het werkt.

Natuurlijk zijn ook de press officers van de teams je vrienden. Zo is Jamie Fox van Red Bull het afgelopen jaar heel belangrijk geweest. Hij was de vervanger van Victoria (Vicky) Lloyd, die met zwangerschapsverlof ging. Hij heeft het echt supergoed gedaan en sprong er direct in.

Hij was snel en stuurde appjes met informatie waar ik het over kon hebben, zoals bij het beruchte voorval met Toto Wolff die een koptelefoon wegsmeet. Jamie kwam al snel met het idee om Christian Horner te vragen of hij wel eens met koptelefoons gooit. Dat is een prima manier van samenwerken. Soms denk je: kan ik dat wel vragen? Maar als de Head of Communications het zegt, dan durf ik het natuurlijk wel aan. Tijdens de laatste races met Max waren de interviews na de vrije trainingen wat lastiger te regelen. Hij zat meer in zijn racebubbel en was veel bezig met zijn engineer. Het was Jamie die dan meehielp en zich inzette om iets te kunnen regelen.

Maar naast al die nieuwe vrienden zijn er natuurlijk ook de mensen met wie ik al lange tijd fantastisch samenwerk. Zoals Silvia Frangipane Hoffer van Ferrari. Silvia ken ik al zo lang, voor haar heb ik weinig woorden nodig. Hetzelfde geldt voor de press officer van het team van AlphaTauri, Fabiana Valenti, die er al jaren bijzit. Met hen heb je korte lijntjes, je hoeft maar een klein belletje te doen en het is geregeld.

De mooiste en misschien wel belangrijkste vrienden die ik heb gemaakt zijn toch de mensen rondom de Dutch Grand Prix in Zandvoort. We hebben samen ongelofelijk veel tijd en energie gestoken in alle mooie plannen. Robert van Overdijk en Bernhard van Oranje zijn belangrijke vrienden geworden. Ik heb veel contact met hen gehad, op de grid en voor de camera. Het is best lastig als je onder een vergrootglas ligt, maar ze hebben er een fantastisch evenement van gemaakt en hoe ze met ons omgingen was geweldig. Ze zijn zeker de beste vrienden van 2021. Het allermooiste dat uit deze vriendschap is ontstaan is dat ik gevraagd ben om ambassadeur te worden van de Stichting Lymph&Co van Bernhard van Oranje. Wat een grote eer om ambassadeur te zijn en mooie dingen te doen voor het goede doel. Dit jaar zullen er al mooie activiteiten worden ontplooid.

10

VERHALEN VERTELLEN

In 2018 presenteerden Olav en ik ons eerste boek bij boekhandel Paagman in Den Haag. We vertelden anekdotes en beantwoordden de vele vragen van het publiek in een prachtige boekhandel vol met fans. Opeens zag ik, tegen het einde van de avond, links in mijn ooghoek de eigenaar van de boekwinkel een gebaar maken dat we moesten afronden, al die boeken moesten natuurlijk nog gesigneerd worden. Het was allemaal zeer goed georganiseerd en ontzettend leuk om te doen. Als dank kregen we een kistje wijn mee.

Er volgden nog veel meer sessies. Het is superleuk om met de fans kennis te maken. Onlangs was ik bij Bruna in Hoorn, waar de mensen in de rij stonden om een boek te laten signeren. Het is leuk hun directe vragen te beantwoorden. In navolging daarvan had Rob Laurs bij Team

Loyalty een nieuw evenement bedacht dat uit drie delen bestond: de gasten werden ontvangen in Huis Ter Duin, vervolgens zouden ze gaan lunchen en daarna zou ik een lezing geven. Het was best aanpoten, want de gasten werden verdeeld in zes groepen en ik mocht elk uur een lezing geven over mijn laatste boek *In de pits gebeurt altijd iets*. Ik begon met mijn gezondheid. Ik had een hartoperatie ondergaan vanwege een hartritmestoornis. Dit had ik niet gedeeld op tv, maar wilde dat wel graag met de aanwezige fans delen.

Ik vertelde hoe de operatie was verlopen en dat ik een fantastische dokter had. Op weg naar de operatiekamer kreeg ik van alles te horen: 'Niet te snel hè, Plooij,' 'Niet over de kerbstones!' Zo vertelde ik ook over de veertien pillen die ik per dag moest nemen en legde uit waarom ik de operatie liet doen tijdens de winterstop. Dit was natuurlijk om weer fit te zijn gedurende het F1-seizoen en ik wilde ook graag de Dakar Rally doen in de winterperiode. Binnen vier uur zijn ze via mijn lies naar binnen gegaan en hebben ze met een klein brandertje alle verkeerde bougievonken in mijn hart weggebrand. Cardioloog Vincent van Driel zei bij het eerste gesprek dat het 90 procent zeker was dat ik van al mijn medicijnen af zou komen. Dat zou fantastisch zijn natuurlijk. En ja hoor, sinds die operatie ben ik ook echt van de medicatie af. Vincent, bedankt!

Na dit verhaal kreeg ik vanuit het publiek de vraag voorgelegd hoe het voor mij was dat het seizoen door de pandemie niet in Melbourne van start ging. Ik legde uit hoe het voor mij verlopen was en dat we uiteindelijk toch een fantastisch seizoen hadden gehad dankzij de inzet van de FIA en het FOM. Het was een enorme opgave met het testen, de regels die onder een vergrootglas lagen en de aanpassingen in de planning. Vervolgens had ik het over Sebastian Vettel en over de vraag of hij zou gaan stoppen. De geruchtenmachine rondom Sebastian draaide overuren en er waren berichten dat hij naar Aston Martin zou gaan. Hij is een zeer gedreven coureur die op jonge leeftijd veel succes heeft gehad bij Red Bull Racing en ook de droom had bij Ferrari het wereldkampioenschap binnen te halen, wat hem helaas niet is gelukt. De persdame van Sebastian, Britta Roeske, is geen gemakkelijke dame. Ze is in dienst van Sebastian zelf, loopt altijd met hem mee, heeft de memorecorder altijd in de aanslag en tikt alles uit. Ze is wel een enorme fan van Nederland, net als Sebastian. Zijn opa heeft een vakantiehuisje in Zeeland waar hij veel tijd doorbrengt en niemand hem herkent. (En hij is groot fan van vanillevla!)

In België bedachten we een leuke manier om hem te interviewen: Sebastian en Max samen voor de camera. Het blijft een van de hoogtepunten van onze carrière, de twee grote sterren naast elkaar die totaal verschillend zijn, maar wel humor hadden onderling. Ze mochten een rode kaart uitdelen en Max gaf mij de rode kaart. Dat was een heel relaxed gesprek. Vettel is echt een geweldige kerel en sleutelt graag zelf aan brommers. In Duitsland bij de grand prix komt hij zelfs op een van die brommers naar het circuit toe. Zijn gezin is ook vaak mee op reis.

Hij reist dan onherkenbaar, maar natuurlijk hebben we ze wel eens gespot in het buitenland – hij gaf een dikke knipoog. We hebben hem niet aangesproken en maakten geen foto's, want hij houdt helemaal niet van sociale media. Sebastian is iemand die je uitnodigt even een bakkie te komen doen in het motorhome. Zo wist hij bijvoorbeeld dat ik geopereerd was. Britta vraagt me wel eens om boeken voor de fans en geeft dan een petje terug. Zo is de relatie met Seb in de paddock heel bijzonder.

Sebastian was zeer openhartig in het interview en wilde ons graag een tip geven over zijn vertrek naar Aston Martin. Sebastian is onder druk gezet en zelfs aan de kant geschoven sinds de komst van Charles Leclerc. Op het moment dat Leclerc een langdurig contract kreeg, wist je ook meteen dat Vettel niet de eerste rijder zou zijn. Het zorgde voor veel gelazer en scheve blikken binnen het team. Zo is denk ik bij Vettel langzaam maar zeker het besef gekomen dat een afscheid de beste optie was. We hoorden al heel vroeg dat hij de overstap naar Aston Martin zou maken, maar ik weet niet of hij het er naar zijn zin heeft. Hij heeft wel zijn contract verlengd. Mogelijk heeft Vettel geëist dat Otmar Szafnauer zou vertrekken. Dat werd door Szafnauer zelf ontkend, maar hij is inmiddels vervangen door Mike Krack. De geruchten die we in de paddock met zijn allen meekrijgen bevatten toch vaak een kern van waarheid.

Toch is Charles Leclerc ook een fijne vent. Hij is een goede coureur en heeft vroeger veel gekart en gestreden met Max. Uiteindelijk is hij wel degene geweest die een berichtje heeft gestuurd met de vraag of ik nog terugkwam toen ik met corona thuiszat.

Een andere coureur over wie altijd wat te vertellen is, is Esteban Ocon. We hebben de hele affaire rondom mijn uitspraak over 'French fuck' al eerder besproken en daarom is het wel leuk om te vertellen hoe het nou precies zat. Esteban sprak ik na het voorval kort aan in de paddock en hij reageerde persoonlijk op mijn Tweet en accepteerde mijn excuses direct. Het is fantastisch als de rijder jouw kant kiest. Kimi Raikkonen sprak mij aan in de paddock op de terugweg naar zijn motorhome en was verbaasd dat blijkbaar toch niet alles gezegd mocht worden op Nederlandse tv, wat hij wel altijd had gedacht. Ook Guenther Steiner van Haas was verbaasd dat Renault straf had gegeven.

Pierre Gasly verdient het ook om in het zonnetje gezet te worden. Die heeft toch veel meegemaakt met het terugzetten naar Toro Rosso (nu AlphaTauri) en het daar zo goed te doen dat hij de winst heeft gepakt in Monza. We kennen allemaal het moment nog op het podium dat hij met zijn hand voor zijn ogen zit, de champagne en de beker naast hem, en dat hij dat moment op zich laat inwerken. Pierre Gasly was ooit in Nederland uitgenodigd om samen met Max voor Red Bull een evenementje te doen op een ijskartbaan. Met Ziggo werden we uitgenodigd om te komen filmen. Ik was er zelf graag bij geweest, maar uiteindelijk zou Frank Evenblij een item maken voor *Peptalk* en met ze in gesprek gaan. Uiteindelijk kreeg ik 's avonds een appje van de mensen van Red Bull: ze vonden het niet goed wat hij had gedaan. Frank had behoorlijk de druk opgevoerd dat Gasly kansloos was met Max naast hem. Dit was niet prettig ontvangen door Pierre en Red Bull Racing. We kregen te horen dat we voorlopig even op de zwarte lijst kwamen te staan als Ziggo Sport. De volgende race ben ik meteen naar het team gegaan en heb ik alles uitgesproken met Vicky. Die avond heb ik net zo lang gewacht bij Red Bull Racing tot Pierre langskwam en excuses aangeboden namens Ziggo Sport.

Het was wel mooi dat Gasly die winst pakte in de grand prix op Monza. Wat liep hij te shinen en wat doet hij het goed! Het zal mij niet verbazen als hij ooit bij Aston Martin terechtkomt als de grote nieuwe man, mocht Sebastian Vettel ooit gaan stoppen. Ik verwacht hem niet bij Mercedes of terug bij Red Bull. De vraag is: hoelang blijft papa Stroll nog geld stoppen in zijn zoon Lance?

Tijdens de lezing in Huis ter Duin kwam ook de grand prix van Rusland aan bod. Mensen vroegen zich af waarom Olav daar niet naartoe was gegaan, maar dat was simpel: Olav had geen zin meer om over te stappen in Rusland. De afgelopen jaren moesten we altijd overstappen in Moskou en de koffers kwamen nooit aan in Sotsji. Vaak konden we de koffer onderweg naar huis pas weer ophalen en Olav had daar geen zin meer in. Zo gebeurde het dus dat wij wel op locatie aan het werk waren met de jongens van Broadcast Rental, maar Olav in Nederland bleef. We hebben daar met de huurauto leuke ritjes naar restaurantjes en rondom de badplaats gemaakt. Binnenkort is het niet meer Sotsji, maar wellicht ooit het circuit dicht bij Sint-Petersburg. In Sotsji hebben we een leuke fotosessie gedaan en daar is ook de foto van de omslag van *In de pits gebeurt altijd iets* gemaakt. Of we ooit nog gaan racen in Rusland hangt af van de situatie in Oekraïne en het gedrag van de leiders van Rusland als er ooit weer volledige vrede is.

Uiteindelijk kwam bij onze lezing ook de veiligheid van de Formule 1 aan bod en spraken we over de vlammenzee waar Romain Grosjean in was beland. Die beelden kennen we nog allemaal: de auto brak in tweeën en vloog in brand. Je zag mensen van de FIA, de artsen en ineens kwam Romain tevoorschijn. We waren muisstil en in shock. De halo heeft zijn leven gered en uiteindelijk heeft hij er alleen brandwonden op zijn hand aan overgehouden. Hij heeft het nu goed naar zijn zin in de IndyCar in Amerika. Hij heeft veel engeltjes op zijn schouder gehad en het is ongelooflijk dat hij nog levend uit de auto is gekomen. Ook een dik compliment voor de veiligheidscommissie van de FIA, die voor een veilige auto heeft gezorgd. Er was aanvankelijk natuurlijk veel kritiek op de halo, maar die is niet meer weg te denken in de F1. Het was mooi om even bij stil te staan, want Romain Grosjean en Kevin Magnussen hadden aan Gene Haas een geweldige teambaas. Maar de vraag is hoelang hij nog doorgaat na zulke tegenslagen, zoals ook het mislukte sponsoravontuur met een energiedrankjesmerk. Moeilijk om zo'n team staande te houden en moeilijk om daar toch mee door te willen gaan. Gene Haas is een raceliefhebber pur sang en met de nieuwe regels en meer tijd in de windtunnels zullen we misschien meer van ze gaan zien. En Mick Schumacher en Nikita Mazepin zijn veelbelovende talenten. Guenther Steiner kon niks zeggen over de rijderswissel, want Magnussen en Grosjean namen afscheid van het team. Het was allang bekend dat de motorleverancier Ferrari graag Schumacher bij het team wilde hebben en dat er ook iemand met centjes vanuit de Formule 2 bij moest. We hadden hier al wat van vernomen, maar konden er zelf niet veel over zeggen tot het definitief was. Steiner is wel heel erg oprecht, wordt kwaad is als het nodig is – en doet dat ook gerust voor de camera. Inmiddels weten we dat Haas een goede start van het seizoen kent met de return van Kevin Magnussen.

Op de laatste pagina van *In de pits gebeurt altijd iets* vroeg ik me af wat er in seizoen 2021 zou gaan gebeuren. Ik speculeerde dat Sergio Perez een goede kans maakte om de teamgenoot van Max te worden: hij bezit de kwaliteiten en bracht een goede sponsor mee met de Mexicaanse miljardair Carlos Slim. Het is fijn om te zien dat die voorspelling is uitgekomen. Het is wel zo dat wanneer je naast Max rijdt, je onder een vergrootglas wordt gelegd. Zo heeft oud-teamgenoot Alexander Albon een belangrijke rol gespeeld in het wereldkampioenschap van Max Verstappen. In de simulator heeft hij ongelooflijk veel slimmigheidjes bedacht en hij had de auto al afgesteld voor ze op het circuit kwamen. Bij de winst van Max stond hij vooraan om hem schreeuwend te feliciteren. Albon is door veel mensen verguisd, maar ga er maar eens aan staan. Ga eens naast dat megatalent in de auto zitten. Pierre Gasly en Carlos Sainz weten er alles van. Ze hebben een fantastische zet gedaan door Sergio Perez binnen te halen. Hij heeft Mercedes in de weg gereden en dat was het belangrijkste: punten afpakken van Bottas en Hamilton. Natuurlijk waren ze er bij Red Bull op gebrand dat wereldkampioenschap te pakken bij de constructeurs; dat is niet gelukt en achteraf kun je makkelijk zeggen dat Sergio niet genoeg punten heeft gepakt. Hij heeft niet overal laten zien wat voor een goede coureur hij is. Achteraf bleek dat toch een goede combinatie te zijn. Het feit is: mensen die naast Max rijden kunnen een mooie figurantenrol spelen, meer niet.

De lezing in Huis ter Duin was een succes en het blijft een hele eer om deze verhalen te mogen vertellen aan Formule 1-fans, aan vaders en zoons, aan vrienden. Het is helemaal te gek dat wij kunnen bijdragen aan de overdracht van de liefde voor Formule 1 aan de volgende generatie. Dat blijf ik ook heel graag doen de komende jaren en hopelijk kunnen we nog heerlijk blijven genieten van de snelste auto's ter wereld. Wellicht is dit boek de basis voor de volgende boeklezing in Huis ter Duin bij de Racemakkers!

11

VARKENSKOPPEN

Als pitreporter in de Formule 1 werk je niet alleen: je werkt altijd samen met een cameraman. De interviews die we doen zijn voor een cameraman misschien niet het meest creatieve en interessante werk, een vrolijk en soms iets minder vrolijk gezicht dat antwoord geeft op mijn vragen, maar het is altijd leuk en gezellig met elkaar, en we zijn nou eenmaal tot elkaar veroordeeld. Je gaat zo'n 200 dagen in het jaar met elkaar op reis. Van de dames van de productie krijg je de callsheet waarop staat hoe laat je vliegt, vervolgens ga je met de huurauto naar het hotel en eten. Je werkt een paar dagen en vliegt ook weer terug. Gedurende die tijd zit je echt op elkaars lip.

De allereerste cameraman met wie ik ooit heb samengewerkt was Rob Polderman, een grote stoere vent die door Olav was gevraagd om cameraman te zijn, en ik werd min of meer bij hem op zijn bord gelegd. Het was 1998 en ik was zo groen als gras. Olav gaf mij een uurtje of drie de tijd om na te denken of ik mee wilde naar Canada met de Formule 1. Ik wist helemaal niets en wilde eigenlijk graag oefenen. Hoe werkt het met die mensen, waar moet je rekening mee houden? Kortom, er was nog een hoop te leren. Ik had de mazzel dat ik met Rob Polderman op stap mocht. Hij heeft mij het vak geleerd en geduld bijgebracht. Ik deed van alles verkeerd, gaf de cameraman niet genoeg tijd om het shot aan te passen. Gelukkig had Rob zelf wel geduld. Ook was ik met Rob Polderman ooit bij het vierkantje voor mijn eerste interview met Michael Schumacher, waarover later meer.

Het bijzondere is dat je een persoonlijke klik krijgt met de cameraman. Je bent veel bij elkaar en het is fijn te weten welk restaurant je kunt reserveren, wat je cameraman wel en niet eet, en er zijn leuke discussies en humor aan tafel. Rob Polderman is inmiddels een makelaardij begonnen en heeft het daar goed naar zijn zin. Cameramensen worden vaak in dienst genomen door Dutch-View of NEP, maar sommigen werken freelance. Wij geven meestal aan met wie we willen werken en dan komt het vaak vanzelf goed.

Ik heb ook vaak gewerkt met Patrick van Weeren. Patrick was een bijzonder mens en hij kon fantastisch mooie beelden maken. Hij had mij een keer uitgenodigd om mee te lopen met een steadycam, die zie je tijdens een voetbalwedstrijd wel eens langs de lijn. Hij kon daar echt mee toveren. Ik kan me nog herinneren dat hij een van de eersten was die dit op een Segway deed, prachtige dingen heeft hij gemaakt. Door de liefde van zijn leven is hij in Australië beland waar hij nu ook werkt als cameraman.

Vroeger heb ik ook veel gewerkt met Alex de Bont en Arjan Ekster, die iets kleiner van postuur waren dan Rob. Alex had natuurlijk voor een cameraman een fantastische achternaam, want cameraman De Bont is een begrip in Nederland. Hij werkt nog steeds bij Ziggo en staat soms in de studio, waar we dan ook even bijkletsen. Hij heeft momenteel een eigen videoproductiebedrijf in Tilburg en haalt mooie opdrachten binnen. Arjen Ekster uit Winterswijk doet heel veel sport, waaronder schaatsen. Hij is een hele gewilde cameraman en een rustige jongen die prachtige dingen maakt en tovert met die lens.

De allerleukste en aardigste cameramannen met wie ik heb gewerkt zet ik graag in het zonnetje. Jan Rein Hettinga is nog zeer actief en deelt zijn ervaringen met ons en op zijn blog. Zijn zoontje is er ook mee bezig, dus het zal mij niets verbazen als hij een geweldige cameraman wordt. Met Jan Rein heb ik voor het eerst zelf mooie dingen gemaakt. Samen waren we op het idee gekomen om een glasplaatje voor de lens te plaatsen waarop de rijders aan het eind van het seizoen hun handtekeningen konden zetten. Het was erg leuk om te maken en leverde mooie beelden op. Jan Rein was ook zeer actief in het meedenken hoe we dingen creatief leuk konden maken ondanks dat het vaak hetzelfde is. Zo kan ik me herinneren dat Jan Rein ooit Michael Schumacher knock-out heeft geslagen door te zwenken met zijn camera toen Schumacher toevallig voorbijliep. Hij kreeg de accu tegen zijn hoofd en dat was geen prettige kennismaking. Ik ben daarvoor nog op het matje geroepen, maar het is allemaal gelukkig goed afgelopen.

Na Jan Rein kwamen er bij Ziggo twee nieuwe cameramensen: Wouter Kooistra en Matthijs Notten. Met Wouter zat ik in quarantaine in Portugal. Matthijs is ongelofelijk goed ingevoerd in de wereld van Hilversum. Vraag het Matthijs en hij weet het. Hij is eigenlijk een soort Albert Verlinde onder de cameramensen, hij weet het allemaal. Het was ontzettend fijn en leuk om te weten wat er allemaal speelt, en cameramensen werden natuurlijk ook in hun werk beperkt tijdens de coronaperiode. Ze zijn aangewezen op het filmen in de paddock. Gelukkig kregen we de laatste maanden weer toestemming om voorzichtig shots te maken van mensen in de pitstraat.

Met Matthijs hebben we veel lief en leed gedeeld. Hij was erbij in Hongarije vorig jaar. Het is altijd een fantastische grand prix. Als je als fan ergens naartoe wilt, moet je zeker Hongarije bezoeken. Niet alle hotels zijn door het FOM gereserveerd, dus je kunt in Boedapest altijd een hotelkamer huren voor weinig geld. Het eten is er geweldig en er hangt een gezellige sfeer op straat.

Voor de fans is de taxi als vervoersmiddel het handigst, want het circuit ligt net iets buiten de stad. Het is altijd lekker weer daar en het eten op het circuit is goed geregeld: er is bijvoorbeeld heerlijke goulashsoep. De grand prix in Hongarije vorig jaar was heel speciaal. In ons hotel overnachtten ook veel fans. Dat is absoluut geen straf, want het is supergezellig, maar sommige fans drinken ook wel eens een glaasje te veel en dan wordt het ongezellig. Als je bijvoorbeeld 's ochtends vroeg naar buiten gaat vanuit je hotel, je even moet wachten tot de auto uit de parkeergarage komt en er dertig beschonken fans zijn die je meteen aanspreken, is het soms wat te veel.

Olav is vaak eerder buiten om de auto te halen, nog even een sigaretje te roken en zijn cappuccino te drinken. In die dagen van het begin van het raceweekend in Hongarije is er waarschijnlijk het een en ander gebeurd waar wij geen weet van hebben. Normaal eten we bij ons favoriete restaurant Casa Blanca van eigenaar Rick. Maar die vrijdagavond kwamen we laat aan in het hotel, dus besloten we niet de stad in te gaan maar in het hotel te eten. We zochten een plek in het hoekje zodat we met zijn drieën na een drukke dag op ons gemakje konden eten en evalueren. Buiten stonden allerlei mensen lekker wat te drinken. Uit de oranje petjes en shirts was op te maken dat er veel Nederlanders tussen stonden. Op een gegeven moment kwam er een fan binnenlopen, een wat oudere man met een ongelofelijke slok op, die zei dat hij een foto met ons moest hebben. Hij had waarschijnlijk niet door dat we in gesprek waren, en begon meteen verder te blèren. Ondertussen stond zijn maat te filmen door het raam. Dat viel verkeerd. Olav zei: 'Waarom vraag je het niet fatsoenlijk, ik wil niet dat je ons filmt.' Op dat moment werd die man ongelofelijk wild. Hij begon daar toen een partij te schelden: 'Lelijke varkenskoppen dat jullie d'r zijn, op tv zijn jullie aardig, maar in het echt zijn jullie klootzakken, ik veeg mijn reet af met jullie.' Wij dachten: wat gebeurt hier nou? Ik stond op en vroeg of hij normaal kon doen en terug wilde komen als hij nuchter was. Op dat moment schrik je je rot, want zijn maat stond ook nog te filmen. Die man bleef maar doorgaan en Olav liep weg van tafel. Uiteindelijk ging de man met hulp van zijn vriend weer naar buiten. Aan het einde van het hoofdgerecht kwam hij terug om zijn excuses aan te bieden en gaf toe dat hij te veel had gedronken. Achteraf hebben we erom kunnen lachen, maar het gedrag van de Nederlandse F1-fan was toen wel iets waar we ons zorgen om maakten.

De fans van nu zijn niet meer de fans van vroeger. Vroeger had je gezellige mensen die over de sport wilden praten en verstand van zaken hadden, die wisten dat Prost en Senna ook geracet hadden, dat die gevechten prachtig waren en er wederzijds respect was. We zien nu steeds meer dat de F1 andere fans aantrekt die zich niet netjes gedragen. Zo ook toen we de vrije trainingen overnamen van Rick Winkelman, die met spoed geopereerd moest worden aan zijn hart. Er is toen heel last minute afgesproken dat ik de eerste twee vrije trainingen zou doen en Olav de derde vrije training. Voor mij was het best een beetje raar, nieuw en spannend, want ik had nog nooit verslag gedaan van een vrije training. Dat was even een spoedlesje hoe alles werkte, maar gelukkig kon Olav me daarbij helpen. Over het algemeen kreeg ik goede reacties, maar er zijn altijd mensen die onder een schuilnaam negatief doen op sociale media. Het heeft soms ook wel ernstige gevolgen en ik heb al eens aangifte gedaan van een doodsbedreiging. Helaas zijn er mensen die het nodig vinden zulke berichten op Twitter te plaatsen.

Bij een andere persoon die lelijke dingen op Twitter riep zijn we erachter gekomen wie het was en waar hij woonde. We zijn erheen gereden en belden aan met een gesigneerd boek in de hand. Een vrouw deed open en ze riep haar zoon naar beneden, die meteen een rood hoofd kreeg. Ik vroeg hem waarom hij het had geschreven, en zijn moeder viel me bij. Hij bleek het niet te menen en gaf toe alleen stoer te willen doen. Uiteindelijk heeft hij het boek aangenomen en zijn we vriendelijk uit elkaar gegaan. Mensen hebben soms geen idee wat ze opschrijven en wat ze ermee willen bereiken. Het was opgelost, net als in Hongarije, maar het blijft heel vreemd.

In Hongarije kwamen ook een keer twee oudere mannen naar ons toe voor een foto, en ze waren benieuwd waar we sliepen. Olav vroeg toen waarom ze dat wilden weten, hij vond het niet nodig dat te delen vanwege onze privacy. Olav werd meteen een arrogante lul genoemd en weg waren ze. Wat is er aan de hand met sommige fans tegenwoordig? Helaas blijven normen en waarden voor sommigen een moeilijk verhaal.

Na Hongarije hadden we even de tijd om bij te komen van het eerste gedeelte van het seizoen van 2021. Meestal vlogen we heel vroeg terug op maandagochtend, maar nu kozen we ervoor om later terug te vliegen. En wie kwamen we tegen in het vliegtuig? Jawel, onze vriend van de varkenskoppen. Heel rustig en tam wenste hij ons goedendag en een goede reis.

12

DE MAGIE VAN ZANDVOORT

Zandvoort is magisch. Ik kwam er als klein ventje regelmatig en hoorde de Formule 1-geluiden. Het blijft ongelofelijk dat je daar later met een cassettebandrecorder wat gesprekjes opneemt voor een scriptie op school. Dat je vervolgens veel op Zandvoort bent dankzij Frans Verschuur en uiteindelijk zelfs verslag mag doen van de grand prix voor miljoenen Nederlanders. De ultieme droom komt uit.

De route naar de grand prix van Zandvoort was wel een heel speciale. Via de geruchtenmachine hoorden we dat de Formule 1 zou terugkeren naar Zandvoort. Vroeger gingen we vanuit Nijmegen met het team van Verschuur naar Zandvoort en het was altijd weer een opgave het fileverkeer in Bloemendaal te omzeilen. Gedurende mijn eerste jaren kocht ik een caravan zodat ik niet heen en weer hoefde te rijden. Dat was niet erg slim, want ik had me toen niet gerealiseerd dat er 's nachts gewoon door wordt gesleuteld op een circuit. Eigenlijk waren de mooie standplaatsen voor de caravans net buiten de paddock.

Zandvoort is de plek waar we allemaal begonnen zijn. Olav als circuitspeaker en ik als teammanager van Equipe Verschuur. Ook Rob Kamphues is op Zandvoort begonnen, en ga zo maar door. De locatie van Zandvoort is natuurlijk een hele hobbel geweest, want hoe kon je nou toch met slechts twee toegangswegen via Zandvoort en Bloemendaal het hele Formule 1-circus kwijt? Bernhard van Oranje heeft het circuit gekocht en heeft zijn oor bij iedereen te luisteren gelegd. Uiteindelijk kwamen ze met fantastische plannen: het circuit werd opnieuw geasfalteerd en er kwamen nieuwe faciliteiten, zoals de fantastische Dutch Grand Prix Lounge in de duinen. Zoals ik eerder al vertelde nodigde Robert van Overdijk, de algemeen directeur van Circuit Zandvoort, mij uit te komen kijken tijdens de verbouwing. Robert, een Brabander, maakte ooit de overstap van de Brabanthallen naar het circuit. Hij had geen idee wat er allemaal op zijn bordje zou komen. Vroeger sprak de circuitdirecteur af bij een strandtent, werd het inschrijfgeld contant afgerekend en verdween het in de zakken van de directeur. Ook kwamen sponsorgelden soms niet terecht waar ze hoorden en werden faciliteiten niet of nauwelijks onderhouden. Publiek was er eigenlijk alleen bij de grotere evenementen.

Uiteindelijk kwam de wens om de grand prix te organiseren. Er werden in totaal 39 rechtszaken aangespannen tegen het CM.com Circuit Zandvoort, want er moest met veel dingen rekening worden gehouden. De hagedisjes, de kikkers, overlast, mensen die een strandtent hadden in Zandvoort. Velen waren tegen de komst van dit mega-evenement.

Ziggo Sport kwam op een gegeven moment met het idee om uit te zenden vanaf het circuit in Zandvoort. Red Bull dacht dat het een leuker idee was vanaf Huis Ter Duin iets met Heineken samen te doen, want Huis ter Duin bleek het hotel te zijn van het Red Bull Racing-team. Toen dachten wij dat het leuk zou zijn om daar met de Ziggo-crew te slapen, om dan via het strand naar Zandvoort toe te gaan en zo de files te vermijden. Het bleek niet te kunnen, want er ligt een natuurgebied. Andere ideeën werden ook afgeslagen: per boot, per helikopter (alle helikopterslots waren al bezet door de coureurs), per scooter of per auto. Uiteindelijk kregen we groen licht van de directie dat we mochten slapen in het Center Parcs Hotel. Fantastisch was het, het lag bijna op het circuit.

Uiteindelijk hadden we een soort van taxiservice afgesproken met de dienstdoende cameraman Wouter Kooistra. Hij zou ons in een door Mercedes Nederland geleverde geblindeerde G-klasse ophalen bij Center Parcs en naar het circuit rijden. Dat was de ideale oplossing om ongezien het circuit op te komen, want we hadden ons voorgenomen dat we ons niet te veel wilden laten afleiden door de fans.

De paddock zag er mooi uit en de teams waren allemaal laaiend enthousiast. Er was een hospitality unit van Dutch Grand Prix (DGP) en we hadden afgesproken dat we alle uitzendingen live zouden doen vanaf het circuit, naast de unit van de DGP. Het was uniek, want iedereen van productiebedrijf Southfields was aanwezig. We hadden Robert Doornbos en Rob Kamphues op het circuit. Dat was heel bijzonder. Op woensdag 1 september was er een interview met Shell in Club Nautique, waar ook Carlos Sainz en Charles Leclerc bij waren. Onze productie is er een halfjaar mee bezig geweest om dit voor elkaar te krijgen. We moesten onverwacht ook nog de vrije trainingen verzorgen omdat Rick nog herstellende was. We konden gelukkig rustig ons werk doen, mede dankzij de geweldige medewerking van de DGP. Zo kon het gebeuren dat we met de Formule 1 een recordaantal kijkers hadden. De zondag hadden we 3,5 miljoen kijkers. De kijkcijfers waren echt geweldig en we hebben elke dag een prima show gemaakt.

Op de zondagshow na de race zijn Christian Horner en Toto Wolff samen bij Rob en Robert geweest. Dat was een heel gedoe, want je kon het niet vooraf regelen; het enige wat je kon doen was na de race naar de press officers gaan om het last minute te regelen. Toevallig kwam het echt zo uit dat de heren tegelijk op het podium terechtkwamen. Het evenement was goed geregeld, het weer was prachtig en het was een fantastische race die door Max werd gewonnen. In mijn beleving kan het nooit meer beter worden.

Ik had vernomen dat er een meeting zou zijn met Max

en met de koning en zijn gezin, maar zeker was het niet. Uiteindelijk waren koning Willem-Alexander, Máxima en hun dochters er echt. Er zou ook een meet-and-greet zijn met Max in zijn pitbox. Alleen een paar fotografen mochten daarbij aanwezig zijn, want de pitlane was op dat moment voor ons gesloten. Ik zou me rond diezelfde tijd melden voor de Driver's Parade bij de pitbox van de FIA. Ik had Roos Pols meegenomen, onze productiedame die dat jaar zo ongelofelijk hard had gewerkt met al het gedoe rondom corona. Ze is ook fan van Lando Norris, ze was helemaal zenuwachtig, en ja hoor, het was gelukt: Lando wilde wel met Roos op de foto. Roos geniet denk ik nog steeds van die foto. Ik stond dus te wachten bij de pitstraat en toen ik naar rechts keek, zag ik de pitbox van Red Bull Racing, waar veel reuring was. We mochten officieel niet bij de ontmoeting van de koning en Max aanwezig zijn, maar ik was toch toevallig in de buurt...

Opeens zag ik koning Willem-Alexander een knipoog geven in mijn richting. Ik keek om, naar er stond niemand achter me. Een van de bewakers zei dat de knipoog echt voor mij was bedoeld. Op dat moment kwam de koning in drie stappen mijn kant op en ging voor me staan. Hij zei: 'Zelfs met een mondkapje op herken ik u nog!' Ik was er echt van onder de indruk en het moment is vastgelegd. Zo vaak maak je dat natuurlijk niet mee. Volgens een bewaker bleek Amalia ook groot fan. De bewakers gaven aan dat als ik de koning nog eens zou spotten op de grid, ik gewoon mijn kans mocht grijpen om hem iets te vragen voor de camera. Ik was helemaal in de zevende hemel. Ik had de koning willen vragen naar het gevecht om de afstandsbediening op zondagmiddag tijdens de grand prix. Uiteindelijk liep hij niet meer over de grid, maar het was Rob van Gameren wel gelukt hem even te spreken. Dat hij nog een grappige misser maakte door hem 'Hare Majesteit' te noemen, maakte het alleen maar mooier.

Daarna werd het volkslied fantastisch vertolkt door Davina Michelle. Het kippenvel stond op mijn armen, zo mooi. Toen het volkslied klaar was kwam Stefano Domenicali bij de microfoon en was het op de tribune één groot feest en een grote springende oranje bende. Kun je het je voorstellen: Stefano Domenicali, ooit teambaas bij Ferrari, nu de CEO van het FOM, die voor mijn camera staat te dansen en te springen. Hij zei dat dit een blauwdruk was van hoe hij de Formule 1 graag ziet. Jos Verstappen voorspelde voorafgaand aan de race bij mij voor de camera dat zoon Max de druk wel aankon en zijn eerste echte thuisrace zou winnen. En inderdaad, hij pakte pole position en won de race. Hoe knap is dat?

Het was een legendarische dag met mooi weer, een fantastische sfeer, Radio 538 in de fanzone en iedereen in de paddock in juichstemming. Collega's waren positief, wat ik nooit had verwacht. Iedereen was helemaal tevreden over Nederland. Men vroeg zich ook af waar al die fietsen toch vandaan kwamen. Alles was tot in de puntjes geregeld. Natuurlijk was er ook commentaar op het evenement, maar gelukkig bleken er maar dertien mensen positief getest na het festijn.

Alle teams kregen handgemaakte en beschilderde klompen van de organisatie, en we hebben een geweldig moment meegemaakt in de paddock met Bernhard. Op een gegeven moment had ik in de gaten dat Lewis Hamilton eraan kwam. Ik ben toen even naar Head of Communications van Mercedes Bradley Lord gelopen: 'Zou het een idee zijn om prins Bernhard te koppelen aan Lewis Hamilton om hem welkom te heten?' Gelukkig kreeg ik het voor elkaar en Lewis stond daar heel stoer met een oranje designbril prins Bernhard te woord. Ik stond iets verderop met een enorme glimlach op mijn gezicht.

De GP van Zandvoort staat op de kaart, en hoe. De komende jaren zal het evenement alleen maar groter kunnen worden, wanneer de coronamaatregelen zijn verdwenen. Zandvoort Beyond kan groeien en onze Zandvoort Experience kan het daglicht gaan zien. De organisatie van de DGP zal snel proberen een langdurige deal te maken zodat we voor lange tijd kunnen genieten van de top van de motorsport in de Nederlandse duinen. Hulde!

13

DE WERELD OVER

De grand prix van Canada is echt een heel beroemde en bekende wedstrijd. Amerika is daarentegen een ander verhaal. In Amerika is de Formule 1 nog niet heel bekend. Een van de eerste trips die we daar maakten was naar Indianapolis. Een megacircuit met een meganaam door de Indy 500 die daar plaatsvindt.

We moesten eerst nog maar eens op dat circuit zien te komen, want het is een waanzinnig land. De autoverhuur was top geregeld. Je komt dan in de zogeheten Gold Circle bij Hertz en mag gewoon zelf een auto kiezen. In andere landen is de autoverhuur vaak enorm amateuristisch geregeld. Een van de grootste frustraties tijdens het reizen is dat je altijd ergens bij een Hertz-balie komt te staan, moet wachten en weer alles moet invullen. Amerika is wat dit betreft gelukkig een uitzondering.

Je kent vast wel de Chevy Suburban, de auto waarin de Amerikaanse president wordt rondgereden. Zo'n auto wilden we graag huren en dat probeerden we elk jaar voor elkaar te krijgen. Het is een gigantische bak, al mag je er helaas niet hard mee rijden in Amerika. We waren in Indianapolis, een echte autosportstad. We reden voor het eerst in die Chevy Suburban en ik weet nog goed dat Olav en ik voorin zaten en de cameraman, Jan-Rein Hettinga, achterin. Het lastige in Amerika is dat de verkeerslichten aan de overkant van een kruising staan. Wel supergoed, want als je hier in Nederland voor de streep staat kun je soms de lichten niet zien. Maar goed, je komt er voor het eerst en het is een beetje spannend, dus Olav reed per ongeluk te ver over de stopstreep en reed door rood. Dat was foute boel en binnen twee minuten hoorden we de loeiende sirenes. Olav stopte en opende de deur, waarop de politieman in de Amerikaanse auto door de luidspreker riep: 'Stay in the vehicle!' De politieman kwam voorzichtig uit de auto. Olav vroeg vervolgens wat er aan de hand was, waarop de politieman zei: 'You ignored a red traffic light, sir.' Olav wilde het vervolgens rustig uitleggen, maar de politieagent vroeg om hem niet te onderbreken. Het volgende moment werd er gevraagd naar de papieren van de auto, waarna de agent met het rijbewijs en de papieren terugliep naar zijn politieauto om alles uitgebreid te checken. We hebben er uiteindelijk een kwartier gestaan. Ondertussen sloot politieauto nummer twee erbij aan met sirenes. We dachten dat er nog een bekeuring openstond of iets anders waardoor we nu de sjaak zouden zijn. Ik had namelijk al eens een bekeuring gekregen van de Amerikaanse politie, in de tijd van Arrows met Jos Verstappen, na een uitje van Arrows op de bowlingbaan. Ik zal er niet uitgebreid op ingaan, maar we hadden wat biertjes gedronken en het is niet gestopt bij twee. Uiteindelijk hebben we het buiten de pers moeten houden. Deze keer was dat gelukkig niet het geval. Het geinige is dat Jan-Rein dit allemaal stiekem heeft gefilmd. Als je het terugkijkt is het bizar hoe er met ons wordt omgegaan. Uiteindelijk kregen we geen bekeuring, omdat er begrip was van die agent voor onze Hollandse rijstijl en hij ervan op de hoogte was dat we voor de Formule 1 waren gekomen.

We mochten doorrijden, dus wij direct in feeststemming terug naar ons hotel en op zoek naar wat eten. Amerika is een van de mindere landen om naartoe te gaan op culinair vlak, want ze hebben alleen maar hamburgers, friet en andere vette hap. Uiteindelijk hebben we een Sports Bar gevonden waar we ook wat tv konden kijken. Het was er luidruchtig, er was veel herrie en de mensen aan de bar liepen mee te schreeuwen en te lallen. Dan kom je er wel achter hoe de Amerikanen echt zijn. Het leukste aan hen: ze geloven alles. In hun hoofd lopen wij Nederlanders allemaal op klompen en is Holland de hoofdstad van Denemarken. Ze weten dan wel dat het Anne Frank-huis en windmolens bij ons land horen, maar verder kun je hun van alles wijsmaken. En ze vinden het nog helemaal fantastisch ook.

Dus als we dan een leuke avond hadden en we wilden

nog meer spektakel veroorzaken, dan voerden we onze speciale act op. Ik hoor je al denken: speciale act? Jazeker, onze dolfijnenact. Als iemand vroeg wat wij in Amerika kwamen doen, vertelden we dat we er voor de Formule 1 kwamen, waarop diegene vervolgens vroeg wat wij voor beroep hadden. We wachtten dan altijd even een momentje en zeiden dan: 'Dolfijnentrainers. We wonen in Harderwijk en werken bij het Dolfinarium.' Dat verhaal hebben we vaak verteld en het werd met het jaar dat we terugkwamen sterker en sterker. Wij gingen aan de bar staan, maakten een fluitgeluid en bepaalde gebaren met onze armen die de dolfijnen dan na zouden doen. Het publiek werd steeds stiller en hing aan onze lippen. Het ging echt rond in de hele bar, iedereen geloofde het. Echt fantastisch.

Amerika is een geweldig land om naartoe te gaan omdat het er makkelijk is. Het land van de onbegrensde mogelijkheden. Alles is goed geregeld. Het is er leuk winkelen voor het thuisfront, je hebt er onder andere goedkope gympen. Hoewel het niet echt een van onze favoriete bestemmingen is, denk ik wel met plezier terug aan de mooie dolfijnverhalen die we daar gedeeld hebben.

We reizen veel en proberen ook wel altijd om de trips aan te laten sluiten. Vaak bleven we in de jaren ervoor bij andere grands prix over en combineerden we het met een vakantie. Dit jaar was het dan ook een megatrip: van Amerika, via Mexico, door naar Brazilië. De afgelopen paar keer in Cancun was zeer goed bevallen, en dus deden we dat deze keer weer. We zaten drie dagen in een geweldig resort met alles erop en eraan. Er kon niks misgaan. Dachten we... Wouter, Olav en ik kwamen laat in de nacht aan in het hotel in Cancun en werden op drie verschillende plaatsen ingedeeld met de kamers. Helaas was er maar één meneer die dat checkte en overal kopietjes van wilde, midden in de nacht na een race. Doordat die man zo traag incheckte vielen we allemaal een beetje in slaap. Ik was uiteindelijk de laatste die ingecheckt werd. Het enige wat ik wilde was slapen, dus na het inchecken ging ik met mijn koffer snel naar de kamer. Vlak voordat ik mijn koffer openmaakte om mijn spullen uit te pakken, hoorde ik een enorm lawaai. Ik kijken en zoeken waar dat geluid vandaan kwam, weer naar de gang en wat bleek? Aan de westkant van het hotel, waar ik dus zat, waren ze aan het verbouwen. Ik ben nog even op bed gaan liggen om te kijken of ik er wel een beetje doorheen kon slapen, maar dat lukte echt niet, het was vreselijk. Dus ging ik terug naar de receptie om een nieuwe kamer te vragen. Maar daar stond die trage man nog, die weer drie nieuwe gasten aan het inchecken was. Diep in de nacht ben ik om drie uur naar een andere kamer aan de andere kant van het hotel verplaatst, waar ik alsnog als een roos heb geslapen. Gelukkig loop je er de volgende dag lekker in de zon met een heerlijk kopje koffie en dan ben je het wel weer vergeten. We konden ons daar in Cancun prima drie dagen vermaken.

Cancun is prima te doen, maar in Mexico-Stad, met zijn hoge ligging en dus ijle lucht, is het heel druk en levensgevaarlijk op straat. Mexicaanse automobilisten hebben de neiging en de gewoonte om de auto dwars op de kruising te zetten. Ondanks dat we op vier kilometer van het circuit zitten, doen we er 's morgens toch nog anderhalf uur over met de auto. Ook moet je niet je dure spullen meenemen, want die ben je gewoon kwijt. We durfden daar niet over straat en wilden naar een restaurant waar we niet konden parkeren. Dat was een hele onderneming door het gevaar dat dreigt.

In 2019 hebben we dan ook een heel vervelende ervaring gehad. Nadat we aankwamen op het vliegveld en de huurauto hadden geregeld, waren we de eerste dag op weg naar het circuit nog zoekende naar hoe we er kwamen. Doordat we een grote F1-sticker op de voorruit hadden kon iedereen zien, waaronder politieagenten, dat we vreemdelingen waren. Even later werden we aangehouden door een politieauto, waarbij Olav als bestuurder de instructie kreeg om te volgen. Dat deden we braaf, maar wat deed die agent: hij nam ons met zwaailichten mee naar een achterbuurt. Het was een klein, smal straatje waar we moesten parkeren aan de rechterkant van de politieauto. Vervolgens kwam de agent naar ons raam en vroeg om het rijbewijs en de papieren van Olav. Gelukkig is zijn Spaans redelijk goed. Het was een hele toestand, de agent zei op den duur dat de auto in beslag zou worden genomen – ik kon het maar half volgen in het Spaans. Na heel veel gesprekken vroegen ze zelfs om het paspoort van Olav, die vervolgens wat geld in zijn paspoort had gestopt toen hij het moest afgeven aan de politieman. Nadat de politieagent het had gezien, zei hij: 'Nee, u krijgt echt een bekeuring, we nemen echt uw auto in beslag,' waarop Olav er nog honderd dollar bij gooide. Op het moment dat de agent zijn paspoort afpakte, kwam er in diezelfde straat een gigantische vrachtwagen die zo de linker buitenspiegel van de politieauto eraf reed. Uiteindelijk pakte die Mexicaanse politieagent het geld uit Olavs paspoort en mochten we doorrijden. Achteraf kwamen we er in de paddock achter dat je een Mexicaanse politieagent in tenue met pistool en alles erop en eraan gewoon kan omkopen voor 300 dollar, een maandsalaris voor een agent. Dat is voor iedereen daar volledig verklaarbaar. Op het moment dat je dat geeft hebben hij en zijn gezin een extraatje. Wij keken ervan op, maar de Zuid-Amerikaanse collega's moesten er enorm om lachen. Het gebeurt gewoon. De rest van de trip hebben we altijd goed opgepast dat we geen vervelende overtreding zouden maken, want dan zouden we wel echt de klos zijn.

Met plezier denk ik dan terug aan vroeger, toen we altijd een tussenstop in Maleisië maakten. Een heel ander land dan Mexico. Dat was echt fantastisch. Als we dan doorvlogen naar een ander land vroegen we altijd aan onze bazen of we een paar dagen in Maleisië mochten blijven of er al een paar dagen eerder naartoe konden. Maleisië is echt een van de mooiste landen om naartoe te gaan op vakantie. Daar zaten we altijd bij het circuit van Sepang in een geweldig hotel, het Bangi Hotel in Kuala Lumpur. Het bijzondere was dat de KLM-crew vroeger Kuala

Lumpur als basis had en ook in hetzelfde hotel verbleef, dus soms zaten we tegelijkertijd met vier à vijf crews van de KLM in het hotel. Dat is 's avonds erg gezellig buiten op het terras met Nederlanders. De KLM'ers vroegen dan altijd deze reis aan in dit hotel en bleven het F1-weekend daar. Wat een feest. Het mooiste was dat Ernst Konijnenburg, een van de captains van de KLM, er speciaal kwam en zelf kroketten mee in zijn cabin-crewtas aan boord nam. Zo konden we 's middags bij het zwembad op speciaal verzoek een kroketje eten dat het hotel dan voor ons regelde. Niet alleen in het hotel maar ook op het circuit was Maleisië geweldig. Het was er wel heet, maar enorm goed geregeld. Als je van de commentaarpositie naar de paddock liep, was je zeiknat van het zweet. Het gutste van je lijf en als je een beetje pech had, regende het er ook voor zo'n tien minuten en was je kletsnat. Tijdens een race vielen er enorme regendruppels zo groot als tennisballen uit de lucht. Je kunt dan van alles proberen, maar nat word je zeker. In het begin van mijn carrière bij RTL en SBS mocht je in de pitstraat verslag doen en moest je een raceoverall aandoen. Met alle apparatuur die je ook meesjouwt, had ik echt het gevoel dat ik kapotging. Desondanks wilden we altijd toch wat langer in Kuala Lumpur blijven door de goede relatie met leuke mensen.

Kuala Lumpur gebruikten we ook voor de overstap naar Australië. Als we een vlucht naar Australië namen, hadden we een heerlijk hotel. We stapten dan na veertien uur het vliegtuig uit, begaven ons richting het hotel net voorbij de douane, liepen met onze zwembroek in onze rugzak langs de balie, kleedden ons om en doken even later in het zwembad. Dan lag je daar voor een paar uurtjes op het vliegveld even buiten om op te frissen, lekker even een sateetje te eten, om vervolgens weer acht uur naar Melbourne te vliegen. We hebben ook met de families een keer een vakantie in Maleisië doorgebracht, die vlogen dan daarheen tijdens onze tussenstop. Het is er heerlijk, de mensen zijn heel aardig en doen alles voor je. In Kuala Lumpur zijn ook leuke spulletjes te koop en zo kun je makkelijk altijd de verlanglijstjes van het thuisfront verzorgen. Helaas zijn we de laatste jaren niet meer in Maleisië geweest, maar hebben we de tussenstop in Cancun gekozen. Even niks doen, met je boekje op je strandbedje in het zonnetje een beetje bijkomen.

Na een paar dagen in Cancun moesten we weer op weg naar de volgende locatie: Brazilië. Heel bizar, want je denkt: van Mexico naar Brazilië vliegen is prima te doen, maar daar vergis je je in; dat is nog eens twaalf uur vliegen, inclusief een overstap in Panama. Over Brazilië werd ook gezegd dat het levensgevaarlijk is, maar daar hebben wij andere verhalen over. Wij vinden het eigenlijk een fijn land om naartoe te gaan, omdat we het goed kennen. Ik kwam er voor mijn tandheelkundige carrière al vaak. Mijn eerste bezoeken waren bij de Universiteit van São Paulo. Ik was daar om een implantologie-opleiding te geven. Elk jaar ging ik er wel een keer naartoe om gastcolleges te geven en ging ik met mijn vriend Fabio gezellig vlees eten. Dat kunnen ze supergoed klaarmaken in Brazilië, ze hebben er zelfs van die speciale restaurants waar obers met enorme pinnen met vlees langskomen en je met een groen of een rood viltje op tafel moet aangeven of je nog meer vlees wilt of niet. Als je een groen viltje omdraait komen ze weer vlees brengen en bij een rood viltje komen ze niet meer. Dat noemden we dan een vreetschuur, waar je je voor een vast bedrag vol kon eten. Het lekkere was dat ze daar ook de caipirinha-cocktails schenken, met onderin wat basterdsuiker waardoor je niet doorhebt dat je alcohol drinkt. Die schuif je dus zo naar binnen. Meestal kwam ons vliegtuig 's avonds laat in São Paulo aan en gingen we eerst wat drinken met Fabio, maar dan stort je echt snel in. De volgende dag gaf ik weer lezingen, die we zo geboekt hadden dat ze in de grand prix-periode vielen. Olav regelde dan iets voor mij waardoor ik wel in de paddock terechtkon. Zo combineerde ik F1 met tandheelkunde en ontstond een traditie: met z'n allen naar de vreetschuur in São Paulo, waar we met Fabio caipirinha's dronken. Als we in Brazilië waren met een nieuwe collega in het team, dan namen we die naar het graf van Ayrton Senna, op een heel indrukwekkende en bijzondere begraafplaats.

In Brazilië heb ik ooit de vader van Jenson Button nog beter leren kennen, John, in de tijd dat het sociale gebeuren met de coureurs nog allemaal kon. Hij was daar met kleine Jenson en ik was daar met mijn zoon Michael. We stonden dan zelf in het kopje koffie te roeren op internationale kartbanen. Jenson werd F1-coureur, mijn zoon niet, maar ik heb veel contact gehouden met John. Ik weet nog goed dat Jenson een goede race gereden had in Brazilië. John sprak mij erna aan en vroeg of ik gezellig wat kwam drinken. Normaal zijn we niet van het stappen, maar nu kwamen we daar in een tent met allemaal schaars geklede serveersters. Toen Olav en ik aankwamen keken we eerst een beetje de kat uit de boom, maar John zagen we niet. Uiteindelijk keken we over de balustrade en zagen we hem feestvieren met de hele familie Button. Het was echt een fantastisch leuke avond met veel drank en leuke gasten om ons heen, mooie verhalen hebben we toen opgedaan. Toen ik de volgende dag op het circuit Jenson moest interviewen, ging dat gewoon zoals normaal. Totdat Jenson zich na het interview naar me toe boog, de microfoon omlaag deed en in mijn rechteroor fluisterde: 'Hoelang zijn jullie nog gebleven?' De collega's om ons heen zagen dat en vroegen zich af wat er gezegd werd. Het ging natuurlijk nergens over, maar we hebben er een leuk verhaal van gemaakt. Als grap heb ik toen gezegd dat Jenson mij een geheim had verteld dat ik niet kon delen, maar dat we zeker wisten dat Jenson wereldkampioen zou worden. Jenson Button is nu analist en veel te zien op het circuit. Zijn vader is inmiddels helaas overleden, maar wat hebben we mooie tijden beleefd.

Brazilië is natuurlijk ergens ook weer wél gevaarlijk, want je moet niet met je dure horloge of sieraden rondlopen. Ook moet je met de huurauto opletten, die netjes op slot doen en niet door de favela's rijden. Op weg naar het circuit kom je wel langs die favela's, maar uiteindelijk hebben ze allemaal hun best gedaan om het wat af te dekken en dicht te maken zodat we er minder last van hadden. Het blijft er echter gevaarlijk, je moet echt opletten. Het dringende advies was ook om geen opvallende kleding te dragen, dus geen F1-logo maar gewoon bescheiden zwarte kleding. Ook de sticker van de F1-parkeerplaats mocht niet op de auto geplakt worden en er werd aangeraden om vooral niet met de pas om je nek te lopen, want die rukken ze er zo vanaf als ze willen. Ik heb het echt zien gebeuren dat iemand met zijn raam open bij het verkeerslicht zo de pas van zijn nek werd getrokken of met een mes werd losgesneden. Ook wij hebben meegemaakt dat we met een pistool tot stilstand werden gedwongen. Olav haalde links en rechts in en een man achter ons reed erg opdringerig, dus we probeerden er een spelletje van te maken. Vervolgens gooide die man plots zijn auto dwars voor onze auto en richtte een pistool op Olavs gezicht. Hij stapte uit, liep naar Olav toe en begon in het Portugees te praten. Wij praatten in onze eigen taal terug, dat was een belangrijke tip die we hadden gekregen, en lieten zien dat we bij de F1 hoorden. Na veel gedoe kwamen we erachter dat die man van de federale politie was en wij hem hadden geïrriteerd. Niet geheel ongevaarlijk dus, Brazilië. Diverse teams zijn er overvallen, busjes leeggeroofd en ook in de hotelkamers wordt soms wel wat geprobeerd. We hadden het gelukkig goed voor elkaar omdat we mochten overnachten in het Transamericana Hotel, een duur hotel waar ook de F1-accreditatie verbleef.

De huurauto is erg belangrijk, maar dat leverde ons nog een probleem op in São Paulo. Na onze overstap in Panama kwamen we pas laat aan in de Braziliaanse miljoenenstad. Ik had niet heel goed gekeken of de huurmaatschappij nog open was en was vergeten dat onze huurmaatschappij een andere naam heeft in Brazilië. Dus wij gingen op zoek naar Hertz, maar konden de vestiging natuurlijk niet vinden. Buiten stond een rij met busjes richting de autoverhuur, we zagen Avis, Europcar, maar nergens Hertz. We zagen een parkeergarage met andere huurbedrijven, maar niemand wist waar we Hertz konden vinden. Een Braziliaan aan wie we het vroegen zei: 'Pullman Hotel.' Toen ging er een belletje rinkelen. Met een busje werden we opgehaald en naar dat hotel gebracht. Het ligt net naast het vliegveld en daar aangekomen zagen we het Hertz-gebouw. Zo hebben we een uur te laat onze huurauto geregeld, maar is het toch goed gekomen.

De terugreis uit Brazilië is altijd wel spannend, want de vlucht terug naar Nederland is meestal om acht uur 's avonds, waardoor we al om half vijf weg moeten van het circuit en voor de grote menigte de stad uit zijn om net op tijd op het vliegveld aan te komen. Het is altijd veel sjezen, zeker nu dit jaar ook Peter van Egmond mee wilde. We hadden een klein huurautootje, maar gelukkig verliep alles vlekkeloos. De KLM-captains hadden ons een telefoonnummer gegeven voor het geval het mis zou gaan en we het niet zouden redden, maar dat was niet nodig. Het is wel een keer gebeurd dat we het niet gingen redden en dat de KLM-piloot besloot op ons te wachten, waardoor we toch mee konden. Het klinkt gek, maar er is niets beters dan om op zondagmiddag een race te doen en in de avond weer terug te vliegen, zodat je maandagochtend weer lekker in Nederland bent. Je hebt wel een jetlag, maar het is echt prima te doen om daar in je eigen omgeving van bij te komen. Uiteindelijk is het toch een megatrip geweest met heel veel tijdsverschillen, veel PCR-testen, veel vliegen en weinig thuis. Je bent dan ook heel blij als je na vijf weken weer thuiskomt. Dat is ook de les die ik eruit haal als ik terugkijk naar deze megatrip van Amerika, Mexico en Brazilië: blij om weer thuis te zijn en ontzettend veel plezier te hebben in wat ik doe.

De coronatijd maakte het reizen er niet makkelijker op. In Mexico waren de maatregelen vrij streng en moesten we overal op locatie testen, formulieren invullen en certificaten laten zien. Uiteindelijk is het met name in Amerika vlot verlopen, terwijl we vooraf hadden gehoord dat we op een verkeerd visum waren ingeschreven en we er wel echt tegen opzagen. Voor ons verliep het goed, maar onze collega André Venema van het F1-blad had wat meer moeite. Hij is zes uur lang ondervraagd nadat hij uit de rij was gehaald, omdat hij daar wat schichtig om zich heen keek. We hebben André daarmee een paar dagen kunnen sarren, dat hij daar opgepakt zou worden. Gelukkig kwamen we gezond en coronavrij thuis, en hebben we vooral mooie herinneringen overgehouden aan onze megatrip: Brazilië, het land van de caipirinha's, de zonsondergang in Cancun, de spiezentent in São Paulo en onze dolfijnenact in Amerika.

14

BIJZONDERE NIEUWKOMERS

In 2001 mocht ik voor het eerst helemaal verslag doen van alle grands prix. Het waren toen maar zeventien races in totaal. Op 4 maart begon ik in Australië, de eerste race van een heel nieuw seizoen. Na de GP van Australië gingen we naar Maleisië, toen daar de GP nog op het programma stond. Vervolgens kwamen we in San Marino, de A1 Ring (nu bekend als de Red Bull Ring), Magny Cours, Nürburgring, Indianapolis. Als je je afvraagt wie er toen reden: het waren onder meer Schumacher, Coulthard, Barrichello, Ralf Schumacher, Mika Häkkinen en mijn grote vriend Juan Pablo Montoya, Trulli, Irvine, Frentzen, Alesi, De La Rosa en onze eigen Jos Verstappen. 2001 was een bizar jaar, weet ik nog, want Kimi Räikkönen en Fernando Alonso debuteerden toen voor Sauber en Minardi. Bernie Ecclestone maakte de deals en die heeft het goed gedaan met alle circuits. Veel circuits staan er al heel lang op, zoals Silverstone, Monaco en Suzuka. Met Duitsland besloten ze af te wisselen tussen Hockenheim en Nürgburgring, hetzelfde met Italië. China is wel een grote rol gaan spelen in de planning, ik weet nog goed dat de eerste GP er werd gereden in 2004 en daar was ik bij.

Toen wij dat jaar aankwamen was het nog helemaal niet herkenbaar zoals nu. Het circuit ligt buiten op een heel groot terrein, de metro's die er aangelegd waren werkten nog niet en dus moesten we met een busje met onze producer Michael Maas en een tolk richting het hotel. Je kunt nergens de borden lezen en moet dus alles met de tolk doen en een chauffeur. We hadden per ongeluk een hotel in een verkeerde wijk uitgezocht. Er was geen restaurant te vinden – sowieso is uit eten gaan in China echt heel anders dan bij een Chinees in Nederland, iedereen zit te slurpen en te smakken. We moesten dus goed zoeken waar we fatsoenlijk konden eten. Het eerste jaar hebben we van alles geprobeerd. Michael had zijn best gedaan om iets te vinden en het enige waar we uiteindelijk terechtkonden was een McDonalds. Toen we er voor het eerst waren, was het op het circuit echt groots aangepakt. Het was een prachtige commentaarpositie, we hadden goeie plekken. Goed werken en wel een mega-eind lopen, maar het was een sensatie. Omdat het toen een heftige planning was met China – Japan – Brazilië, hebben we uiteindelijk een stop gemaakt in Hong Kong, en zijn we een paar dagen verbleven. Hong Kong is totaal anders dan China, want daar spreken ze wel Engels en was het allemaal makkelijker te vinden. We hebben onze ogen uitgekeken.

De Amerikaanse verplaatsing van Indianapolis naar Austin was ook bijzonder om bij te wonen. In 2012 gingen we voor het eerst naar Circuit of the Americas (COTA) in Texas. Lewis Hamilton was toen de eerste die hem won bij McLaren. Een van de meest opvallende dingen aan het circuit, dat op een moerasveld is aangelegd, is bocht 1, ontworpen door Hermann Tilke. Het is een grote scherpe heuvel van 40 meter met een bocht van 140 graden en een afdaling. Het maakt het echt een bijzonder circuit. Verder is er weinig bijzonders aan Austin, er is echt niks te beleven. Hoewel Amerika wél het land is waar de coureurs graag verblijven. Lewis en Max zijn er heel graag, want daar zijn ze momenteel nog aardig anoniem. Je wordt niet snel herkend. Ik weet nog goed dat we in een hotel buiten koffie zaten te drinken toen Sebastian Vettel langskwam met zijn hele gezin en daar op zijn gemakje kon genieten. Ze kijken er niet echt om naar andere mensen. Ook is Amerika een land waar alles ideaal is geregeld. Toen de overstap gemaakt werd van het legendarische Indianapolis naar COTA waren mensen niet heel blij, maar ze hebben er een geweldig mediacenter en een mooie paddock. COTA is dus echt wel een aanwinst voor de F1-kalender, vinden we.

In 2015 kwam de GP van Mexico op de planning, de Autódromo Hermanos Rodríguez. Je ziet dat het ooit buiten de stad is gebouwd en uiteindelijk door de stad is opgeslokt, zo allemachtig druk dat het er is. Het ligt op een hoogte van 2286 meter boven de zeespiegel, wat extra veel vermogen voor de auto's maar ook voor jezelf kost. Mexico-Stad is met tien miljoen inwoners een van de grootste steden ter wereld, daarom is het er ook zo druk, iedereen heeft een auto daar en ze rijden vaak verkeerd. Vroeger heette het circuit nog het Magdalena Mixhuca, een sportpark dat ooit was gebouwd op een drooggevallen meerbodem. Als raceland werd Mexico op de kaart gezet door twee lokale Mexicaanse broertjes, Ricardo en Pedro Rodríguez. Helaas kwam Ricardo in 1962 tijdens de kwalificatie om het leven en raakte Mexico in 1970 de GP kwijt, ondanks de twee helden en het feit dat het kampioenschap er werd beslist. Zestien jaar later kwam het terug onder de naam zoals we het nu kennen. Het circuit is iets korter geworden: 4,4 in plaats van 5 kilometer. Het hield stand tot 1992 en vanaf 2015 staat het weer op de agenda. En terecht, want het is echt een geweldige venue, supermooi. Vooral het stadion, het Forosol, maakt het circuit erg bijzonder. Als je daardoorheen rijdt is het natuurlijk mega en omdat het een langzaam gedeelte is kwam de auto van Red Bull er mooi doorheen. Max heeft veel successen in Mexico behaald. Heineken mocht er uitgebreid sponsoren, waardoor er extra centjes konden worden losgepeuterd voor dj's en we een fantastisch feest in het stadion konden geven. Echt prachtig, het is een mooie omgeving om te zijn. Als je in het stadion loopt op de racedag is het echt geweldig; kippenvel. Het stadion deed ooit een soundcheck met de dj en wij stonden heel dichtbij interviews te doen. We hebben toen het vierkantje moeten afbreken, omdat de soundcheck de boel verstoorde. Dat was wel hilarisch, het duurde heel lang, de rijders hadden niet veel geduld en de teams wilden door met andere zaken. Dit heeft echt veel interviews gekost. Mooie herinneringen sinds het Autódromo Hermanos Rodríguez erbij is gekomen in 2015.

Een andere opvallende nieuwkomer is het Marina Bay Circuit in Singapore, dat dwars door het stadscentrum loopt. Sinds 2008 is het op de planning gezet en het heette vanaf toen de Singapore Airlines Grand Prix. Het is een stratencircuit, bedacht door Hermann Tilke, en sinds het op de agenda staat heeft het ook wel flink naam gemaakt. In 2009 hadden we er namelijk de crashgate waarin naar buiten kwam dat Nelson Piquet in Singapore 2008 opzettelijk crashte in opdracht van teambaas Flavio Briatore en Pat Symonds. Het plan was te crashen en teamgenoot Fernando Alonso aan een overwinning te helpen, omdat de safety car door die crash in actie moest komen. Straffen werden vervolgens uitgedeeld: Flavio Briatore werd levenslang geschorst, Pat Symonds mocht zich vijf jaar niet laten zien en Renault kreeg een schorsing van twee jaar. Piquet en Alonso bleken beiden niet schuldig en daarom bleef de overwinning van Alonso in 2008 gewoon staan. De reacties van de buitenwereld waren echter niet mild. Ik kan me goed herinneren dat Jackie Stewart toen zei dat de sport 'verrot' was en Damon Hill vond dat Renault levenslang geschorst moest worden. Het was echt wel een dingetje in Singapore na die crash. Desondanks blijft het Marina Bay Circuit een fantastisch circuit.

Wat het ook bijzonder maakt is dat iedereen in die stad het evenement eigenlijk vreselijk haat. Niemand kan dan over straat, je kunt wel lopen, maar je kunt je auto niet gebruiken. We nemen in Singapore ook nooit een huurauto, maar maken gebruik van een taxi. Als je vanaf het vliegveld naar het hotel wilt moet je onder twee andere hotels door rijden, door de ondergrondse parkeergarages. Je kunt dan alleen op deze manier bij je hotel komen, want de normale wegen zijn afgesloten, erg bizar. Het is niet alleen waanzinnig, maar ook erg ingewikkeld voor de taxichauffeurs, die vaak echt geen idee hebben hoe ze moeten rijden. Eenmaal aangekomen moet ik wel toegeven: dat was het allermooiste hotel waar we ooit hebben verbleven. Het is waanzinnig, je gaat met de lift naar de 18e verdieping en daar is een prachtig restaurant met een leuke buitenbar en een zwembad. Het kost daarom ook wel wat, 8000 euro voor drie man en 5 nachtjes slapen. Het leuke van de races in Singapore is dat ze altijd 's avonds zijn, waardoor je overdag meer tijd hebt aan het zwembad. Je zit dan met de Ferrarimonteurs en mensen van de pers gezellig te kletsen, drankjes te doen en te lunchen bij het zwembad. 's Middags rond een uur of 4 kun je vervolgens lopend naar de baan voor de avondrace. Verder zijn er restaurantjes en een winkelcentrum waar je vanuit je hotel naar binnen kunt lopen, echt optimaal. Het is echt wel een favoriet van menig journalist en tv-medewerker. Het grootste geheim was eigenlijk een reuzenrad bij het circuit vlak bij de tv-compound. Als je dan richting het reuzenrad loopt, kom je langs eetstalletjes en daar hebben ze fantastische sateetjes. Ik kan me nog goed herinneren dat we honger hadden na de race en de techneut hadden gevraagd er wat van te halen. Even later zaten we half op de grond achter het vierkantje onze satétjes op te eten. Opeens stond daar een perschef met een rijder voor onze neus, Valtteri Bottas, die over het hek heen keek en ons die sateetjes zag eten. Hij moest er vreselijk om lachen en we hadden telkens veel lol als we elkaar tegenkwamen. Met onze mond eigenlijk nog vol en de satésaus nog in de mondhoeken, sprongen we gauw op. Matthijs achter de camera en ik achter de microfoon om vervolgens een serieuze vraag te stellen over hoe hij zijn race had beleefd. Het blijft een van de favorieten, het Marina Bay Circuit.

Een andere mooie nieuwe winst op de F1-agenda in mijn carrière is de intrede van het stratencircuit in Bakoe sinds 2016. Bakoe is de hoofdstad van Azerbeidzjan en we hadden er nog nooit van gehoord, tot het Songfestival er gehouden werd. Het circuit ligt langs de boulevard en als je van boven kijkt, heeft het de vorm van een sleutel. In 2016 ging het circuit door onder de naam grand prix van Europa, maar het jaar erop is het de grand prix van Azerbeidzjan geworden. Het circuit stond echter al in 2015 op de planning, maar omdat de GP van Korea een wanprestatie had geleverd waar veel gedoe bij kwam kijken, is Azerbeidzjan uiteindelijk in dat gat gesprongen. Als je in Azerbeidzjan bent, loop je door een soort Disneyland. Je komt dan langs allerlei mooie authentieke panden, waar alleen maar gordijnen en wat lampen hangen, verder zijn ze leeg. Het is eigenlijk allemaal voor de show gemaakt rondom die Formule 1 om te laten zien hoe mooi het land is.

Azerbeidzjan heeft overigens een belangrijke rol gespeeld in het 'wegbezuinigen' van onze tv-monitor. De Samurai-monitor was een klein monitortje dat je achter op de grote camera kon monteren en waar je ook interviews mee kon opnemen. We hadden afgesproken dat als we de interviews hadden opgenomen bij het vierkantje, ik met die Samurai-monitor ter grootte van een oude videobox naar de tv-compound zou lopen en elke keer de interviews naar Nederland zou afspelen, zodat ze zo snel mogelijk in de uitzending konden komen. We waren er eigenlijk van overtuigd dat het makkelijker was een losse zender op de camera te plakken, zodat we rechtstreeks via het vierkantje naar Nederland konden uitzenden. Zo hadden we iedereen meteen live in Nederland en kon de montage er gelijk mee aan de slag om ze snel op tv te krijgen voor de fans thuis. De Samurai was budgettair gezien het enige wat mogelijk was, hoewel ik er helemaal gek van werd. Het zorgde voor veel gedoe met het aan- en afsluiten en heen en weer lopen met dat ding. Ik weet nog dat we in Azerbeidzjan hadden besloten dat het de laatste keer was dat we de Samurai zouden gebruiken. Omdat de president van Azerbeidzjan toen aanwezig bleek te zijn, werd het hele circuit met allerlei toeters en bellen afgezet omdat die man de paddock uit moest. We mochten nergens heen en ik denk dat ik dat moment heb aangegrepen om te zeggen dat ik er niet doorheen kon. Tuurlijk kon je erdoorheen als je brutaal was, maar uiteindelijk besloot ik dat niet te doen en heb ik met Nederland gebeld dat de Samurai er niet doorheen kon. Omdat we toch iets moesten doen, kregen we het vanaf dat moment voor elkaar een zender op de camera te bouwen. Na veel telefoontjes en allerlei begrotingen lukte het ons alle interviews live naar Nederland te stralen via mijn beroemde rugzakzender, wat fijn is voor de mensen thuis op de bank, die direct de reacties kunnen zien. Dat is allemaal gebeurd in Bakoe, echt een aanwinst voor de F1-agenda.

Een andere bijzondere nieuwkomer is het Sochi International Streetcircuit, gelegen in het Sochi Olympic Park aan de kust in Sotsji, Rusland. Het is een semi-stratencircuit – ook weer ontworpen door Hermann Tilke – dat in 2014, toen de Winterspelen daar werden gehouden, voor het eerst de grand prix van Rusland werd. Op 12 oktober 2014 waren we er voor het eerst en het was echt bizar, omdat ons hotel op dat park lag. Vanuit onze kamer keken we uit op de schaatstempel. Je moet wel wat moeite doen om er te komen, trouwens. Je kunt er niet rechtstreeks naartoe vliegen, maar zoals ik eerder al vertelde, moet je altijd via Moskou, en in al die jaren dat we er geweest zijn, was de vlucht een drama en bleef onze bagage daar altijd achter. We hebben dus ooit gehad dat we pas op de terugweg vanuit Sotsji onze koffer konden ophalen. Dan heb je dus vier dagen in dezelfde kleren en ondergoed gelopen. Gelukkig konden we bij het supermarktje om de hoek nog wel wat wasmiddel vinden en kon je er nog wel een extra onderbroekje scoren, maar het is niet fris. Je wilt natuurlijk je eigen spullen gewoon bij je hebben. Uiteindelijk hebben we besloten altijd naar Sotsji te reizen met handbagage, omdat je die bij je kunt houden.

Als je eenmaal in de Sochi Autodrom bent, is het mooie ervan dat je in een Russisch toeristengebied zit, dus aan de kust. Qua eten en restaurantjes is er van alles te vinden. Alleen kun je de menukaart niet lezen en heb je hier hulp bij nodig. Gelukkig kun je altijd wel een Rus vinden in het restaurant die wil helpen met vertalen. Bij La Luna, een bekend restaurantje in Sotsji, hadden we de mazzel dat er een Engelssprekende ober werkte. Daar gingen we dan maar elke avond naartoe, zodat hij ons mooi kon helpen als we daar onze drankjes en het fantastische vlees bestelden. We genoten er altijd ontzettend van, op één keer na. Toen kwamen we in een restaurant terecht, maar hadden we niet goed gekeken en ontdekten pas toen we er zaten dat daar livemuziek was. Olav en ik hebben daar een hekel aan, zeker als het een vioolspelende vrouw is. We hebben nog geprobeerd de baas van het restaurant om te kopen en die mevrouw weg te sturen, maar helaas lukte dat niet. We hebben nog nooit zo snel ons eten opgegeten! Op het circuit is het allemaal goed geregeld, het enige wat ze nooit begrepen hebben in Sotsji is bestrating met klinkers. Het is nog wel redelijk te belopen, via een brug over het circuit. Maar in de paddock zelf hebben ze allemaal klinkertjes gelegd. Als je dan interviews zit te doen met bijvoorbeeld Max en er komt een karretje langs, dan is het hele interview niet meer te verstaan. Met name die bandenkarretjes ratelen over die stenen heen; er is echt niet goed over nagedacht. Het is daarnaast ook veel te klein. Ik geloof dat er slechts zeven meter tussen de garages en de paddocktent zit. Het is echt een beetje te nauw gebouwd. En al helemaal als Poetin komt kijken op de racedag, dan is het een onneembare vesting met overal snipers rondom het circuit. Het toetreden van Sochi Autodrom heeft bij mij dus niet alleen maar vreugde gebracht, maar meer een hoop frustratie... Inmiddels is dat probleem opgelost, de F1 komt er niet meer!

Er zijn ook circuits die juist dankzij corona hun intrede hebben gedaan. In 2020 begon het seizoen natuurlijk pas in juli met twee keer Oostenrijk, Hongarije en twee keer Italië, waaronder Mugello, een motorencircuit. Het was een eenmalige actie in 2020, de grand prix van Toscane op 13 september, maar echt gigantisch bijzonder om mee te maken. Het l' Autodromo del Mugello in Toscane ligt 300 meter boven zeeniveau en bevindt zich tussen Florence en Bologna. Het circuit is 5,2 kilometer lang en heeft vijftien bochten. Het is er echter niet altijd alleen motoren geweest, de DTM kwam er ook nog wel eens. De Formule Renault heeft er ook gereden, dus de jongere coureurs die in de F1 rijden zijn er ook wel eens geweest.

Daniel Ricciardo was bijvoorbeeld heel erg te spreken over het circuit, dat snel is, vloeiend en een mooi ritme heeft. 'Het wordt hard werken achter het stuur,' zei hij vooraf.

Het was maar goed dat er toen geen publiek werd toegelaten, want dat is onmogelijk. Het hele F1-circus heeft rondgedwaald op die kleine weggetjes in het prachtige gebied rondom dat circuit. We sliepen toen bij iemand thuis, dat was een bijzondere ervaring. In een groot huis van een alleenstaande vrouw mochten we de logeerkamers gebruiken. Die mevrouw zorgde dan in de ochtend voor het ontbijt en 's avonds liet ze ons netjes binnen. We sliepen in een klein kamertje met een oud bedje met een houten kast waar je kleding stinkend uitkwam, dus we leefden hier voornamelijk uit onze tas. 's Avonds gingen we dan naar prachtige kleine Italiaanse restaurantjes met voortreffelijke pizza's voor weinig centen, dat was wel fantastisch.

Opeens kwamen we dus met het hele circus in Mugello terecht waar een motorcultuur heerst door de MotoGP; desondanks waren de rijders zeer tevreden over het circuit. In de Vrije Trainingen hadden we Valtteri Bottas en Max Verstappen bovenaan. In de kwalificatie eindigde Max derde en helaas voor Max was er geen goed resultaat daar, net als bij de andere races in Italië. Lewis Hamilton pakte pole en won de race. Ook was er veel werk verricht door Ferrari, omdat dit het thuiscircuit zou moeten zijn voor hun 1000e race. Het merk had er veel aan gedaan het te vieren met een prachtig feest, speciale pakken en een speciale *livery*. Uiteindelijk liep het uit op een fiasco voor Ferrari, want het ging helaas niet goed. Tijdens die dagen hing er verder een mooie sfeer, de mensen waren heel lief en aardig omdat ze het bijzonder vonden dat we eindelijk een keertje kwamen kijken. Het is wel een ding daar, iedereen heeft wel benzine in zijn aderen. Al vanaf de jaren negentig is het circuit niet meer weg te denken van de MotoGP-kalender, ze hebben daar zelfs nog op de openbare weg geracet. Als je ergens in een klein restaurantje kwam, was er altijd wel iets te doen met motoren en auto's. Mugello was dan ook echt geweldig.

Vanwege corona kwamen we ook terecht in Portugal, in de Algarve. Het was er voor mij niet per se leuk, omdat ik daar was voor de eerste race op het moment dat mijn kleindochter werd geboren en ik bij de tweede editie in quarantaine zat vanwege een coronabesmetting. Niet echt een fijne herinnering voor mij aan Portugal, hoewel het er verder prima geregeld was en het werk fantastisch was. Naar het circuit toe liep een mooie weg door de bergen, met mooie faciliteiten zoals een groot parkeerterrein dichtbij. We sliepen toen in Portimão, aan de zee, een beetje vergelijkbaar met Zandvoort.

Al jaren deden we met de crew voorspellingen op papier, en zo ook in Portugal. We vulden dan aan het begin van het weekend in wat er te verwachten viel. Bij elk diner in de restaurants namen we het spel door, wie het goed voorspeld hadden en wie er punten had gescoord. Ik maakte die papieren, printte ze uit en had ze altijd bij me, ook naar het restaurant – totdat ik in een pizzeria mijn formulieren vergat, waar ik pas de volgende dag achter kwam toen ik ze weer verder wilde invullen. Ik besloot niks te zeggen tegen de collega's en zelf op te zoek gaan naar de papieren. Ik heb toen bij Olav de sleutel gevraagd om zogenaamd iets uit de huurauto te pakken, waarna ik stiekem op pad ging voor die formulieren. Terug naar het restaurantje, waar bleek dat de formulieren er niet meer lagen. Op de weg terug naar het hotel werd ik gelukkig gebeld: het restaurant had de vaste ober gesproken en de formulieren toch nog teruggevonden. Ik keerde om, terwijl het op dat moment echt met bakken uit de hemel kwam. Uiteindelijk ben ik enorm natgeregend voor de formulieren, die zeiknat maar gelukkig wel weer terecht waren. Zo kon ik die avond snel uitrekenen wie punten had verdiend. Mijn collega's hebben dit nooit geweten. Als Olav, Wouter en Matthijs dit hoofdstuk lezen, hebben ze eindelijk door waarom de formulieren zo nat waren en mijn pen niet goed kon schrijven. Ik had er alles voor over om mijn punten niet kwijt te raken.

De vreemde eend in de bijt die terugkwam in 2020 was Turkije. De eerste keer daar, in 2005, weet ik nog goed. Het was toen complete chaos: alle fans kwamen veel te laat, parkeerden hun auto's dwars voor de ingang en ook het wegrijden bij het circuit op zondag was een drama. Wij zaten in een hotel aan de Aziatische kant van de Bosporus, waardoor we eerst helemaal verkeerd zaten en over de brug moesten. Verkeerschaos alom. In 2020 was het ook zo, er stonden allemaal agenten het verkeer te regelen, maar iedereen floot en niemand luisterde. De laatste GP daar was gereden in 2012. Dat zag je ook wel; het was er verroest en oud maar het blijft een mooie lay-out van het circuit in Istanbul.

Ook kwamen we door de pandemie in het Midden-Oosten, door de laatst bijgekomen grand prix in Saoedi-Arabië en Qatar. We zouden ze allebei in één keer aandoen, maar het was nog een moeilijke reis omdat we niet rechtstreeks konden vliegen zoals we wilden en daardoor eerst via Abu Dhabi zijn gevlogen. Qatar was wel indrukwekkend. Ondanks dat het een grote zandbak is, is het er mooi met al die stadions en bouwprojecten. De werkomstandigheden zijn waarschijnlijk niet goed en hoewel ik daar niet veel van heb meegekregen, zal het natuurlijk niet gelogen zijn. Onze chauffeur vertelde dat het allemaal wel meeviel en er veel aan gedaan wordt, maar dat is natuurlijk slechts één kant van het verhaal. Saoedi-Arabië was vervelend, niet alleen omdat er op het laatste moment nog van alles werd geschilderd en geschoven, maar ook omdat we daar het vervelende persbericht te lezen kregen over Viaplay.

Als ik moet kiezen tussen de nieuwe grands prix, dan kies ik toch wel voor Mugello, daar was het gezellig en leuk. Maar Zandvoort is en blijft natuurlijk het allermooiste circuit van allemaal. Het vervelendste circuit om te werken is denk ik toch Brazilië, omdat je een enorme afstand moet afleggen om bij de tv-compound en paddock te komen, en ook nog bergopwaarts. De mooiste faciliteit is Oostenrijk, daar is alles fantastisch geregeld voor de fans en iedereen. Het mooiste om te werken en het leukste voor de fans vind ik Hongarije, omdat je daar alles goed kunt zien; en het circuit ligt in een kom, het is goed te bereizen, dicht bij de stad en de hotelprijzen zijn nog te doen. Dus als fan zou ik het wel weten: naar Zandvoort of Hongarije. Behalve als je een varkenskop bent, die zijn niet welkom!

15

RIVALITEIT OP HET CIRCUIT

Rivaliteit in de topsport. Het is eigenlijk helemaal niet nieuw, zeker niet binnen één tak van sport. Rivaliteit heeft altijd al bestaan, ik denk dat het net zo oud is als de weg naar Rome. Als je even een woordenboek pakt, dan staat er onder rivaliteit: 'Het proberen beter te zijn dan anderen, het willen winnen'. Grappig dat de synoniemen zijn: competitie, concurrentie, ijverzucht, mededinging, vijandschap. Mensen die al veel langer naar de Formule 1 kijken, weten dat dat vroeger natuurlijk ook al was. Rijders die het vreselijk niet met elkaar eens waren, die elkaar naar de strot vlogen. Maar nu opeens komt dat bij ons Nederlanders een beetje bovendrijven. Ik heb het natuurlijk over de rivaliteit tussen Max Verstappen en Lewis Hamilton.

Topsporters in de clinch. Wij zagen al van ver aankomen dat het een keer zou gaan gebeuren. Dat die Lewis Hamilton een beetje last zou gaan krijgen van Max Verstappen, die hij ooit *this guy* noemde. Een paar jaar geleden ging het allemaal nog een beetje langs Lewis heen, hij leefde vooral zijn eigen leven. En opeens komt die Max Verstappen. 'Ja, dat komt wel, die is nog maar net begonnen, weet je wel, bij Red Bull Racing.' Hij maakte zich er niet zo druk om. Inmiddels zijn zij de twee grote rivalen binnen de Formule 1 met als hoogtepunten toch wel Silverstone en Monza, en natuurlijk de finalerace in Abu Dhabi van 2021. Het grappige is dat deze twee rivalen eigenlijk meer gemeen hebben dan je zou denken. Ondanks hun leeftijdsverschil zijn ze allebei bijna gelijk begonnen met karten. De vader van Lewis, afkomstig uit een klein Brits plaatsje genaamd Stevenage, was er in het begin altijd bij, hield zich er veel mee bezig en had een aantal baantjes tegelijk om zijn zoons racecarrière financieel te steunen – totdat Mercedes hem natuurlijk oppikte. Max daarentegen is geboren in België en opgegroeid in het (Belgisch-)Limburgse Maaseik, een klein plekje op de kaart. Ook hij begon zijn carrière door te karten met zijn vader. Er zijn dus best wel wat linkjes te vinden, behalve dat Max natuurlijk een enorme voorsprong heeft doordat zijn vader zoveel kartervaring had. Beiden hebben ze ook flink moeten vechten voor hun huidige succes en hebben ze veel dingen meegemaakt. Denk in het geval van Lewis even aan de periode Alonso bij McLaren, dat was lastig, terwijl Max heel hard heeft moeten vechten met Sainz bij Toro Rosso.

Het grootste gevecht tussen rivalen in de Formule 1 is naar mijn mening nog steeds Alain Prost en Ayrton Senna, die zelfs ook in hetzelfde team hebben gezeten. Dat is natuurlijk helemaal bizar. Ik weet het nog goed, dat sigarettenlogo op hun borst, met witte T-shirtjes aan en daar zaten ze dan met zijn tweeën. Samen hebben ze 92 overwinningen en zeven wereldtitels. Ja, absoluut de nummer één in de historie van de Formule 1 qua rivaliteiten. We praten er niet zo graag over door de tragische dood Ayrton Senna, maar het is natuurlijk een enorme legende, die Senna en Alain Prost – die ook nog eerst in de paddock rondhuppelde, maar ondertussen boos is weggegaan bij Alpine. De rivaliteit tussen de twee begon toen Senna naast Prost kwam te zitten die al twee keer wereldkampioen was bij McLaren in 1988. Prost was heel enthousiast in het begin over die nieuwkomer, maar uiteindelijk is dat helemaal veranderd. Op een gegeven moment konden ze elkaars bloed wel drinken. Eigenlijk kun je wel stellen dat nadat Prost met racepensioen ging, de relatie tussen die twee opeens beter werd. Dat had natuurlijk ook te maken met dat er het jaar daarop, in 1994, opeens ene Schumacher aankwam. Maar uiteindelijk is het natuurlijk nooit iets geworden tussen die twee qua echte rivaliteit.

Diezelfde Schumacher had natuurlijk een paar jaar later, tussen 1998 en 2001, wel een mooie rivaliteit met Häkkinen. Samen hebben ze negen wereldtitels en 111 overwinningen. Dat was ook wel een gevechtje, weet ik nog, met als hoogtepunt de race in 2000 in Suzuka. Schumacher heeft ooit een keer gezegd dat dat eigenlijk de beste race van zijn leven was. Daardoor werd het pakket Schumacher-Ferrari sterker. En Häkkinen heeft dat gevecht eigenlijk een beetje verloren, ondanks dat hij dit niet zal toegeven. Ik herinner me nog dat Mika Häkkinen in San Marino 1999 op zijn auto zat, op een mooi stukje gras, en dat Schumacher voorbij kwam scheuren. Natuurlijk had Schumacher ook nog rivaliteit met Damon Hill tussen 1994 en 1998, maar die was wat minder sterk.

Als je verder teruggaat in de tijd, dan had je ook nog Mansell versus Piquet. Die rivaliteit duurde zo'n vijf jaar, van 1986 tot 1991. Samen hebben ze vier wereldtitels, 54 overwinningen. Piquet ging naar Williams in 1986 als tweevoudig wereldkampioen. Hij dacht wel eens even de nummer één, de status naast Mansell, over te nemen. Hoewel dat wel leuk bedacht was, bewees Mansell op dat moment meer dan een fantastische teammaat te zijn. Dan kregen we natuurlijk dat Frank Williams een enorm auto-ongeluk had in 1986. Vijf overwinningen, zo uit mijn hoofd, Piquet vier, gelijke pole positions. Het was allemaal wel een dingetje. Daarna was nog de crash in San Marino en ging Piquet naar Lotus. Het enige wat ik me zelf nog kan herinneren is het gevecht in 1986 tijdens de Britse grand prix in die goede, herkenbare blauw-gele auto's met Honda-motoren met Canon op de achtervleugel.

Als je nog verder terug in de tijd gaat, zie je nog Jim Clark en Graham Hill, die het aan de stok hebben gehad van 1962 tot 1968, dat waren mooie zwart-witbeelden.

Maar vergeet ook Alan Jones en Nelson Piquet tussen 1980 en 1981 niet. En er was natuurlijk nog Lauda versus Hunt tussen 1975 en 1977. Dat was eigenlijk echt het begin van al die gevechten, er is dan ook een prachtige film over gemaakt. Het waren vrienden, James Hunt en Niki Lauda. In de juniorklassen hebben ze zich allebei omhoog gevochten. De Nederlandse grand prix speelt zelfs nog een belangrijke rol in 1975, want dat was Hunts overwinning in het jaar dat Lauda zijn eerste wereldtitel won. Die twee hadden het regelmatig met elkaar aan de stok, hoewel Lauda's leven natuurlijk enorm veranderde na zijn ongeluk op de oude Nürburgring in 1976.

Als ik weer terug naar de huidige grote rivalen kijk, moet je ook niet vergeten dat Max niet de enige rivaal is (geweest) van Lewis. Hamilton versus Alonso was natuurlijk helemaal geweldig in 2007, eigenlijk tot aan nu. Ik weet nog heel goed in 2007, tijdens de *drivers picture* die toen gemaakt werd. De heren droegen een witte overall gesponsord door Santander en Vodafone, ze zaten met zijn tweeën naast elkaar en het enige wat ze deden was elkaar een beetje aankijken, dat was echt bizar. Alonso is er nu nog en is enorm fan van Max geworden. Ze hebben samen ook wel wat *battles* gevochten, die twee, en daar heeft Lewis Hamilton geen prettige herinneringen aan. Maar naast Max en Alonso hebben we natuurlijk ook Hamilton versus Nico Rosberg, we herinneren het ons nog maar al te goed. Rosberg die die ene titel won in 2016 door in het hoofd te kruipen van Lewis Hamilton. Het was echt magistraal, een van de mooiste verhalen vanuit de pitstraat. Hamilton heeft namelijk een heel strak schema van wat hij graag voor de race doet. Om twee minuten over zes dat, om drie minuten over tien dat, en een van die rituelen was om op een bepaald tijdstip even naar de toilet gaan voor een grote boodschap. Nadat Rosberg achter dat schema was gekomen en wist dat Lewis elke racedag om twee minuten over elf even ging kakken, ging hij het dwarsbomen. Elke race probeerde hij toen precies om elf uur op de toilet te zitten zodat Lewis daar niet in kon om z'n traditionele racepoep te doen. Het was een van de dingen die Nico Rosberg deed om het leven van Lewis Hamilton moeilijk te maken en het is gelukt. Uiteindelijk heeft dat Lewis zoveel energie gekost dat hij daardoor in 2016 het WK verloor in de laatste race in Abu Dhabi.

Genoeg rivaliteit binnen de Formule 1 door de jaren heen dus. Maar als je breder kijkt, naar alle sporten, is het natuurlijk helemaal niet nieuw. Als je een beetje in de historie duikt, dan zie je dus heel makkelijk hoe het met sporters is, qua rivaliteit. Kijk maar naar hockey. Maar natuurlijk ook bij voetbal: Feyenoord versus Ajax, Real Madrid tegen Barcelona, Benfica versus FC Porto – in één stad. En wat denk je van tennis? Pete Sampras versus Andre Agassi. Twee spelers op nummer één, dat was ongelooflijk, die twee konden elkaar niet uitstaan. Jimmy Connors versus John McEnroe. We weten allemaal nog het schreeuwen van McEnroe in dat keurige Engeland tijdens Wimbledon. Diezelfde McEnroe kreeg het ook weer aan de stok met Björn Borg, waar we allemaal nu opeens onderbroeken van dragen. En waar rivaliteit ook zo mooi opduikt: in het boksen. Mike Tyson versus Evander Holyfield. Hap, een stuk van zijn oor eraf. Maar als we kijken naar de allergrootste rivaliteit in de sporthistorie, dan denk ik toch Joe Frazier en Mohammed Ali. Daar speelde natuurlijk mee, wat wellicht ook tussen Lewis en Max meespeelt voor sommige mensen. Ali was namelijk een held voor de zwarte gemeenschap, terwijl Frazier regelmatig werd bestempeld als een 'Uncle Tom'. Het was voor die Amerikanen echt geweldig die twee tegen elkaar te zien vechten, er speelde veel meer dan alleen maar willen winnen.

Het gevecht tussen Lewis Hamilton en Max Verstappen is begonnen tijdens de Britse grand prix in 2021, toen Lewis Max op Copse Corner eraf ramde met een gigantische hoge snelheid. Lewis won uiteindelijk die race en stond vervolgens op het podium met zijn thuispubliek te feesten, ondanks dat het team moest hebben geweten dat Max voor een scan naar het ziekenhuis was gebracht. Dan is de vraag: heeft het team dat ook aan Lewis verteld? Ik weet nog dat ik daar zeer verbolgen over was, dus toen ik in het vierkantje stond kon ik niet anders dan Lewis Hamilton de vraag stellen: 'Waarom ging je nou feestvieren terwijl Max in het ziekenhuis lag?' En op dat moment, wat ik nog niet eerder in mijn loopbaan heb meegemaakt met al die jaren dat ik Lewis mocht interviewen, keek hij Rosa, zijn persbegeleider, vragend aan: is dat zo? Voor mijn gevoel was dat een oprechte reactie van Lewis;

hij wist niet dat Max in het ziekenhuis lag. Het interview is de hele wereld over gegaan, iedereen heeft er van alles over gezegd. Uiteindelijk is er geen statement gekomen. Met heel veel pijn en moeite kwam Toto Wolff toch nog wat voor de camera zeggen, maar dat waren allemaal algemeenheden. En ondertussen vierde Lewis Hamilton uitgebreid feest met zijn fans in een kampioenschap waar hij eigenlijk al een beetje op achterstand leek te geraken, waardoor hij op dat moment waarschijnlijk dacht: deze kans moet ik pakken. Ik denk ook dat het team van Mercedes die kans zo heeft gezien: nu moeten we echt even alle registers openzetten, en 100 procent uitpakken richting Max Verstappen en Red Bull Racing. Er was een hoop heen en weer gedaan. Ik vond ook wel dat Christian Horner eindelijk zijn tanden liet zien richting Toto Wolff. Want het Engelse team van Red Bull Racing is altijd heel netjes, keurig en beleefd tegen die Oostenrijkse sponsor, maar toen liet Horner, ook een beleefde Engelsman, voor het eerst zien dat hij het te ver vond gaan. Na het debacle dachten wij allemaal: o, o, dit is geen handige actie van Hamilton. Want nu kun je natuurlijk verwachten dat er bij Max ergens nog een bonnetje openstaat, dat gaat allemaal in de computer en als die kans komt... Achteraf gezien vond ik het niet handig. Lewis had het ook niet goed aangepakt om daar later niks meer mee te doen, om niet even samen voor de camera te gaan staan, zich te verontschuldigen en dit uit te spreken.

Waarschijnlijk is dit ook de eerste stap geweest richting het Wereldkampioenschap Formule 1, want toen is bij Max – en ook de rest van het Red Bull Racing team – een soort mindset neergezet van: oké, gaan we zo met elkaar racen? Nou, Lewis, dan kun je ouder en verstandiger zijn, en misschien zelfs wel een veel betere auto hebben dan ik, maar dit gaat helemaal niet aan mij voorbij. Een paar maanden later was natuurlijk die actie in Monza dat Max zijn auto op die van Lewis parkeerde, waarbij we duidelijk zagen dat Lewis nog van alles probeerde om de auto uit het grind het circuit op te krijgen en iedereen, met name de Britse media, over Max heen viel. 'Waarom loop je zo van die auto weg en zonder wat tegen hem te zeggen of naar om te kijken?' Typisch een Brits gevalletje autosport, met name de Formule 1, dat dan al die vingers weer naar Max wijzen omdat hij het rechterachterwiel in die Halo parkeert. Maar wat een geluk dat die Halo er toen zat. Bizar eigenlijk, want het was Lewis Hamilton die bij de introductie van de Halo als een van de hardsten stond te schreeuwen: 'Not on my car!' De FIA, met toen nog Laurent Mekies die dit allemaal had geïntroduceerd, zei dat het de sport zoveel veiliger zou maken en een fantastische uitvinding zou zijn. Ik hoor het Lewis nog zeggen: 'Nee, jongens, dat is helemaal niks. Je kunt er niks door zien, dat ding is niet goed, dat werkt niet, dat moet ik niet.' Uiteindelijk is het er gekomen en heeft het hem in Monza gered. Als dat ding er niet op had gezeten, weet ik niet wat de achterkant van die auto had gedaan. Tegelijkertijd is het natuurlijk ook zo dat de auto afremde dóórdat die Halo erop zat. Zonder de Halo had de auto wellicht iets harder gereden en was er misschien zelfs geen crash geweest. De crash gebeurde echter wel; beide coureurs lagen eruit en Verstappen kreeg de schuld.

Wat na zulke crashes veel leeft bij onze collega's is de verschillen in de straffen, het meten met twee maten. Ergens is het logisch, omdat het gewoon een menselijke beoordeling is. Er zitten stewards van de meeting die straffen uitdelen en het bepalen. Dat zijn elke keer verschillende mensen en ik denk zeker niet dat het beter is om er elke keer dezelfde mensen te laten zitten, want dan krijg je weer de kans dat ze omgekocht worden. Naar mijn mening is het op dit moment prima zoals het is. De ene keer heb je een beetje mazzel en de andere keer heb je pech. Maar zo'n crash heeft niet alleen gevolgen binnen de sport, ook erbuiten gaan mensen zich ermee bemoeien. Bij verschillende media, bij de verschillende televisiestations, zijn bepaalde mensen vooringenomen richting rijders. Max ligt niet altijd lekker bij diverse coureurs en bij diverse stations. Naar mijn mening komt dat vooral door die vertaalsites die van quotes van de coureurs mooie clickbaits maken om inkomsten te genereren. Dit heeft voor Max wel eens een keer negatief gewerkt, omdat al zijn Nederlandse uitspraken die hij bij ons doet, zwaar overtrokken worden vertaald en door de Engelse pers worden opgepikt en uitvergroot, om Max en Red Bull Racing zo veel mogelijk onder druk te zetten. Ik denk dat je kunt stellen dat de niet-Engelstalige landen en crews allemaal de voorkeur gaven aan de jager Max Verstappen en dat met name de Engelstaligen het fantastisch vonden hoe Lewis Hamilton zichzelf verdedigde en hoe geweldig Lewis is. Natuurlijk is Hamilton op weg geweest naar die fantastische achtste titel. Natuurlijk zou hij, de Engelsman die tot ridder geslagen is, die fantastische achtste Formule 1-titel binnenhalen en daardoor beter zijn dan de man die tot dan toe fantastisch was, Michael Schumacher. Natuurlijk wilde iedereen dit graag en mensen zagen het al gebeuren, maar toen kwam er opeens dat Nederlandse ventje dat een beetje in de weg ging rijden en vervelend ging lopen doen richting Lewis Hamilton, zijn rivaal. Het knappe vind ik nog steeds van dat jonge ventje dat hij daar dus gewoon echt schijt aan heeft gehad. Wie Lewis Hamilton? Ik ben beter dan hij. Ik kan gewoon winnen van hem. Geef mij dezelfde auto en ik win. Dat roept Max al vanaf het begin. En hoe knap is het dan dat je het uiteindelijk ook gewoon echt doet? Fantastisch!

Ik weet nog heel goed dat we hem spraken na zijn overwinning in Abu Dhabi, toen ik hem feliciteerde met het wereldkampioenschap. 'Je hebt hem.' We zagen een geëmotioneerde Max Verstappen en wij stonden daar natuurlijk allemaal zo trots met veertien krullen in onze staart, naast hem in het vierkantje. Daarna gaf ik hem een stift en voorzag hij mijn laatste FIA-jaarpas van 2021 van een mooie handtekening. Het zal altijd een mooie, dierbare herinnering blijven, net als ons gesprekje na zijn overwinning in 2016. Dat er voor het eerst het Wilhelmus klinkt in een Formule 1-setting. Al jaren volgden we hem en opeens won hij die race. Ik stond met tranen in mijn ogen. En wat moet je dan doen als hij op je af komt lopen?

Moet je hem omhelzen? Moet je hem high-fiven? Het enige wat ik toen maar besloot te doen was te zeggen: 'Gefeliciteerd.' Dat was misschien wel heel erg *down to earth*, want ik had natuurlijk best wel even willen huggen, maar vergeet niet: qua leeftijd had Max mijn zoon kunnen zijn.

Topsporters die met elkaar in de clinch liggen, het geeft de sport toch ook wel weer een bepaalde charme. Ik denk dat als je kijkt naar de overwinning van Max Verstappen in Abu Dhabi en de felicitaties van Lewis Hamilton, het uiteindelijk tussen die twee zelf wel meevalt. Als je ze nu naast elkaar zou zetten en met elkaar laat praten, zou er ook best wel gelachen worden. Met zijn tweeën zouden ze er samen wel goed uit kunnen komen, maar er spelen natuurlijk zoveel grotere krachten omheen. Zo wil Mercedes Benz een enorm corporate gevoel overbrengen met het Formule 1-team en had het zojuist de beslissing genomen om in de Formule 1 te blijven, daar vol voor te gaan en de Formule E wat te laten gaan. Er zijn ook veel sponsoren die aan het team van Mercedes vastgeplakt zitten en dan gebeurt dit; een zware streep door de rekening. Het doel van Mercedes is om zoveel mogelijk personenauto's en vrachtwagens te verkopen, en daarom zitten ze in de Formule 1. Om het merk naar buiten toe stoer te laten zijn, jonge mensen aan zich te binden en auto's te verkopen. Maar hetzelfde geldt voor Red Bull: het doel is om zo veel mogelijk blikjes energydrank te verkopen. Natuurlijk gaat het in essentie om de race, de coureurs, de sport. Maar tegelijkertijd speelt dit dus allemaal op de achtergrond. Niet voor niets zitten er mediamensen in het team, die vanuit de grote bedrijven duidelijk maken geen gekke dingen te roepen over energydrank, die dat een beetje willen controleren. Daarom zijn de teams zelf opeens ook video's gaan maken en hebben ze zelfs een cameraman in dienst genomen. Ze willen zelf meer zeggenschap over het grotere verhaal hebben. En dat zijn ook allemaal dingen die meespelen in de beeldvorming van het gevecht tussen Lewis Hamilton en Max Verstappen. Maar aan het eind van het verhaal heeft Max in 2021 gewoon aan het langste eind getrokken.

Als ik naar zo'n gevecht op de baan kijk, zie ik ook het gevecht op de achtergrond tussen de teams. Red Bull is intussen sterker geworden om toch wat meer power in de strijd te gooien. Ik denk dat Red Bull Racing niet zo luidruchtig protest vanuit zichzelf aanvoerde, maar eerder protesten van andere teams begon te steunen. En dat hun op een gegeven moment is gezegd een beetje in de aanval te gaan. De bewegende, flexibele achtervleugel van Mercedes was iets wat al een lange tijd aan het broeden was, bijvoorbeeld. En uiteindelijk heeft Red Bull Racing dat ook gewoon aangepakt en geprobeerd wat zand in de radertjes te strooien van de geoliede Mercedes-machine.

Uiteindelijk is het Max gelukt om van Lewis te winnen in die laatste race in Abu Dhabi, waar hij in mijn beleving de allerbeste move uit zijn leven tevoorschijn toverde. Ik zie het nog zo voor me: dat Michael Masi de auto's weghaalt, dat de marshalls over de vangrail springen en de race vrijgegeven wordt. Ondertussen is Max naar binnen geweest voor nieuwe banden en vraagt Lewis over de boordradio waarom hij niet naar binnen is geweest, waarna Max naast Lewis komt te rijden en heel even laat zien aan hem: Kijk eens, ik heb rode banden en jij staat op gele banden. Voor mij is dit het hoogtepunt geweest van het seizoen 2021: dat Max Verstappen dit deed. Ik weet nog steeds niet waar hij het vandaan haalde. Ik heb geprobeerd te achterhalen of hij een tip over de boordradio heeft gehad. Niemand kan dit bevestigen of ontkennen, maar ik verwacht zomaar dat dit uit het brein komt van Max zelf. Dat hij gewoon op dat moment dacht dat hij aan Hamilton moest laten zien dat hij op een zachte compound naar buiten kwam. Dat hij in zijn kop moest kruipen, net als Nico Rosberg dat deed. Het feit dat Max dat liet zien, getuigt van enorm tactisch inzicht, een enorm psychologisch gevoel van: daarmee kan ik Lewis onder druk zetten. Dat is ongekend voor zo'n jonge gast die dat in die laatste ronde, in die laatste bocht voor elkaar krijgt. Op dat moment kwam de genialiteit van de echte topsporter, degene die het verdiend heeft om wereldkampioen te worden, naar boven.

Voor Michael Masi was het echter nog steeds niet klaar na deze laatste race van 2021, met name de Britten zitten nog enorm in hun maag met zijn beslissing. Keer op keer komen die radiosnippets, momenten tussen de teambazen en Masi, weer naar voren. Masi heeft de verkeerde beslissing genomen, hij moet assistentie hebben, luidt het oordeel. Ik ga daar absoluut niet in mee: die man mag als racedirecteur te allen tijde naar eigen inzicht een beslissing nemen. Hij dacht er goed aan te doen door die race weer vrij te geven, want hoe kun je nou een wereldkampioenschap laten finishen achter de safety car, moet hij natuurlijk gedacht hebben. Hij is niet voor Max Verstappen, noch voor Lewis Hamilton, hij is voor *fair and square* racen.

Twee sportmannen in hart en nieren, de allerbeste Formule 1-rijders op dit moment. Hoe mooi is het dat, terwijl die twee op het circuit met elkaar bezig zijn, Fernando Alonso, een gigant, naar mij toe komt in het vierkantje en in de laatste races ook alleen nog maar tegen mij zegt: 'Max, Max, Max, Max!' Elke keer dat we een interview met Fernando deden, was hij voor Max Verstappen. Hij vond het geweldig dat die jonge gast, die jonge Nederlander, het vuur aan de schenen legde van die Engelsman waar hij bij McLaren zoveel last van heeft gehad, waar het niet klikte tussen die twee. Hij zei in het openbaar: 'Max is goed in dit en Lewis is goed in dat.'

Uiteindelijk gaat het altijd om winnen. Als je de strijd tussen die twee wilt samenvatten, heeft Max het voor mijn gevoel gewonnen op de baan door niet alleen al die races te winnen, maar ook door goede tactiek toe te passen. Mijn opa, helaas leeft hij allang niet meer, heeft mij als klein jongetje altijd wijsgemaakt dat het gaat om de duit en de fluit, en dat is ook zo in dit geval. Als twee sporters elkaar in de haren vliegen, spelen er zoveel andere dingen mee die wij allemaal niet overzien. De belangen van Mercedes, de belangen van Red Bull, de belangen van de sponsoren die nog allemaal meetellen, het reglementenboek, de vier jaar aan organisatie. Kortom, er zijn zoveel spelers in het veld die meespelen waarvan wij natuurlijk niet alles weten. De rivaliteit in de sport speelt zich echt niet alleen af op het circuit.

Als het gaat om de strijd tussen Max en Lewis in de toekomst, denk ik dat het codewoord 'rust' is. Kijk bijvoorbeeld naar Gianpiero Lambiase, de race-engineer van Max. Op de dag dat de race plaatsvond in Abu Dhabi zaten wij in hetzelfde hotel, Gianpiero met zijn vrouw en dochtertje. Aangezien de races in Abu Dhabi wat later op de dag zijn, heb je in de ochtend nog een klein beetje vrij. En dus zit ik op die zondagmorgen, de dag van de allesbeslissende race, nog heel even mijn boekje te lezen bij het zwembad. Naast mij op een bedje komt Gianpiero met zijn vrouw en dochtertje zitten, die samen gezellig een puzzel doen en heerlijk met elkaar zitten te kletsen. Even later lopen we samen richting de uitgang. Op mijn vraag 'En, hoe is het gevoel?' antwoordt Gianpiero kalm: 'Ja, het kan en het kan niet, we gaan ons best doen. We gaan er alles aan doen om dat wereldkampioenschap binnen te halen.' Zijn rust en zijn uitstraling, dat is denk ik de reden waarom Max altijd minder in paniek is via de boordradio; door de invloed van Gianpiero. Lewis hoor je daarentegen vaker klagen over de boordradio. En het is ook niet gek: aan de kant van Mercedes heerst veel meer onrust, Toto is onrustiger geworden, er is wat meer agressiviteit. Eigenlijk denk ik dat als je die beelden terugkijkt zonder verstand te hebben van Formule 1, je eigenlijk al het gesodemieter met Mercedes aan ziet komen. Je ziet het groeien, je ziet het komen sinds Niki Lauda er niet meer is. Natuurlijk, als je bezig bent een wereldkampioenschap binnen te harken, is dat zeker niet niks. Sterker nog, het is een enorme druk op de schouders, voor de rijders maar ook voor de constructeurs.

De uitdaging voor Max Verstappen is natuurlijk die clinch met Lewis, om daar rustig onder te blijven. Reken er maar op dat Lewis die rust gebruikt om de FIA onder druk te zetten, om maatregelen te nemen met Michael Masi. Volgens Mercedes is hij degene die het verkeerd gedaan heeft, dus hij moet opgeofferd worden. Er moet hulp komen, hij moet weg of er moeten andere mensen naast hem komen zitten die samen met hem beslissen. De druk wordt opgevoerd en het zal niet makkelijk worden voor Lewis om die achtste wereldtitel binnen te halen, want die auto's zijn nu hetzelfde, het wordt makkelijker om in te halen. Wellicht gaat Fernando Alonso een hele grote rol spelen in het titelgevecht en gaat opeens het luikje open voor Ferrari waardoor Leclerc en Sainz mee kunnen doen, en dan wordt het voor Lewis steeds moeilijker. Ik heb veel meer vertrouwen in het feit dat Max Verstappen daar rustiger in is, hij heeft ook een veel rustiger persoonlijkheid en is zeker geen diva. Max is alleen maar bezig met winnen, winnen, winnen. En daar gaat het uiteindelijk ook om: 'Het proberen beter te zijn dan anderen, het willen winnen.' Uiteindelijk trekt Max Verstappen hierin aan het langste eind, zeker in 2021. En dit is pas het begin!

16

HET VIERKANTJE

In dit hoofdstuk wil ik het graag hebben over het vierkantje, de *tv pen* zoals het in het Engels heet. Het vierkantje is een afgeschermd gebied binnen de paddock waar de rijders op de mediadag naartoe gebracht worden onder het toeziend oog van de FIA, nadat ze de persconferentie hebben gedaan voor de schrijvende pers. Vroeger was dit op donderdag, tegenwoordig op vrijdagochtend. De rijders moeten daar, binnen dat afgezette gebied, na de kwalificatie en de race verplicht een interview geven. Dat is door het FOM zo afgesproken met het team en de rijders. Dus ook als je uitvalt: ga zo spoedig mogelijk naar het vierkantje, bijvoorbeeld voor het eind van de race op zondag. Inmiddels zijn alle teams en rijders gewend, en wij ook, dat we daar met alle rechthebbenden cameraploegen staan. Zo was het vroeger echter niet.

Toen ik zo'n 24 jaar geleden begon bij de Formule 1 mocht ik gewoon met een brandvrije overall door de pitstraat lopen, bij de teams in de pitboxen, noem maar op. De regels zijn intussen een stuk strenger geworden, onder andere doordat een autoband van Mark Webber eens een verslaggever heeft geraakt en natuurlijk door de pandemie. Maar in het begin liep iedereen dus gewoon door de paddock. Met je cameraman liep je dan een beetje heen en weer te banjeren en keek je waar een rijder overstak of zat. Dat sprak je dan een beetje af met de teams, meestal na de vrije trainingen. Traditioneel was het na de race dat de rijder aan de achterkant van de garage kwam en je daar wat vragen kon stellen. Dat was wel eens lastig, omdat wij met één camera en één verslaggever in die pit rond aan het banjeren waren, waardoor je als een kip zonder kop rond moest rennen om overal te zijn. Daarna ging men met tijdstippen werken, en om te voorkomen dat niet iedereen op hetzelfde tijdstip buiten stond, is het uiteindelijk zo gegaan dat teams ook met elkaar een beetje gingen communiceren wanneer welke rijder een interview kon geven. Want als iedereen na die training tegelijkertijd buiten staat, zoals in het begin, dan mis je er gewoon een aantal. Op de Duitse rijders doken de Duitse ploegen af, op de Engelse de Engelse, enzovoorts. Als je dan wat later aanschoof kon je nog wel wat dingetjes doen, maar eigenlijk was het vóór de komst van het vierkantje toch een soort *wild west*. Je vloog maar een beetje door die paddock heen en als je iemand had gemist, probeerde je die via een e-mailtje nog te spreken. Toen hadden we nog geen smartphones en social media, dus dat was in het begin allemaal best lastig. Ik weet zelfs nog dat we met de fax een aantal afspraken hebben gemaakt, zo lang is het geleden! Een zooitje ongeregeld was het. Daarna hebben mijn collega's Kai Ebel van de Duitse RTL en Allard Kalff ervoor gezorgd dat er een soort afgebakend gebied kwam, waar de rijders dan naartoe kwamen en wij met onze camera gewoon gingen staan. Uiteindelijk is het vierkantje ontstaan toen de FIA een aantal jaren geleden met het volgende idee kwam: de pers en alle verslaggevers krijgen in groepjes van drie à vier allemaal zo'n vierkant plekje waar de rijders naartoe komen, en onderling wordt gewisseld. Zo staat er een rijder tegenover jou met drie andere ploegen, die telkens wisselen, en degene met de grootste mond stelt dan de eerste vraag.

In het begin was dat echt dramatisch. We stonden op een gegeven moment door elkaar heen, samen met een aantal radiostations waaronder de BBC. Nou, daar had ik dus continu ruzie mee, want de Britten hadden geen camera en probeerden toch als eerste een quote te halen bij iemand. Wij daarentegen hadden die wel en betaalden daarom ook het meest, dus, vond ik, hadden wij voorrang op de schrijvende pers. En je wilt niet achteraan sluiten als bijvoorbeeld Lewis Hamilton al uitgebreid door de Engelse pers is ondervraagd, hem honderd keer diezelfde vraag is gesteld, en ik dat vervolgens ook weer doe.

We hebben echt wel een hoop stappen moeten zetten om dingen voor elkaar te krijgen in dat vierkantje. Als klein televisiestation met één cameraman probeerden we onze plek te vinden, omdat iedereen natuurlijk dacht: o, die komen voor Jos Verstappen, maar niet voor ons. Het vierkantje bood een mooie kans om rijders van verschillende teams en nationaliteiten te spreken, maar je moest er wel moeite voor doen. Een prachtig voorbeeld daarvan is mijn allereerste interview ooit met Michael Schumacher. Dat was echt ongelooflijk spannend, want Michael stond erom bekend dat hij niet zo gezellig was tijdens interviews. Je moest goed beslagen ten ijs komen en Olav had mij geadviseerd op details te letten. Daar kwam hij aanlopen, de man in het rood, Michael Schumacher, in zijn Ferrari-overall. Bleu als ik was, dacht ik: nou, die komt wel naar mij toe. Niets was minder waar, hij ging natuurlijk eerst naar Kai Ebel van de Duitstalige pers.

Toen Schumacher daar klaar was, dacht ik: nou ben ik aan de beurt. Maar wat deed hij? Hij stak over en ging naar de Engelse pers. Op dat moment zei Michael Schumacher: 'Only one question in English.' Ted Kravitz, toen mijn collega van de BBC, stak zijn microfoon richting Schumacher en begon een gesprek. Schumacher antwoordde en vervolgens zag ik alle Engelstalige microfoons mee naar Ted Kravitz en weer terug naar Michael Schumacher gaan, een paar keer heen en weer. Het zogenaamde 'hengelen'.

Net toen ik dacht dat Kravitz klaar was en ik mijn kans kon pakken, draaide Michael Schumacher zich om en liep weg, het vierkantje uit. Wat was dit nou? Op dat moment stortte mijn wereld een klein beetje in, want daar stond ik als verslaggever van de Nederlandse RTL en ik kon alleen maar denken: ik moet die Schumacher toch wat vragen? En dus zei ik het volgende moment hardop in Schumachers richting: 'Excuse me?' Omdat hij gewoon doorliep, zeg ik nog eens: 'Excuse me, Michael,' niet wetende dat meneer Schumacher niet zo graag wordt aangesproken met Michael door onbekenden. Op dat moment stopte hij, draaide zich om, zag mij staan en bekeek mij van boven naar beneden. 'Don't you understand English, I said: only one question in English.' Ik keek hem aan, zette mijn uiterst charmante lach op, liet mijn fonkelwitte tanden zien en zei: 'I only have one question.' Hij schoot in de lach en ik zag hem denken: wie is die gast, ik zie wel die microfoon van RTL, maar dat was toch die andere gozer? Toen gebeurde er iets wat niemand had verwacht: Michael Schumacher liep terug. Hij ging recht voor mij staan en vroeg wie ik was. Vervolgens vroeg hij waar Allard Kalff was. Ik zei: 'Die is er niet meer,' waarop Michael met een grote glimlach reageerde: 'O, gelukkig.' Vanaf dat moment was het ijs tussen ons gebroken.

Als nieuweling kreeg ik dan eindelijk de kans om mijn ene vraag te stellen. Omdat ik wist dat Schumacher het fantastisch vond als je hem zou vragen over details, had ik mijn best gedaan alle details op te schrijven. Maar wat bleek: ik kon mijn boekje nergens vinden. De cameraman stond al te draaien en Schumacher begon ongeduldig te tikken met zijn rechtervoet. Door mijn hoofd schoten van links naar rechts al die vragen die ik had opgeschreven. Was het nou onderstuur in bocht één? Of was het toch bocht twee? Ik wist het niet meer. De stress sloeg toe en ik dacht: er is maar één mogelijkheid om mezelf hieruit te redden en dat is door een open vraag te stellen, dus vervolgde ik met de legendarische vraag: 'How was it?' Het was natuurlijk de meest stompzinnige vraag die je maar kunt stellen aan de man die net de moeite heeft genomen om terug te lopen voor je, maar gelukkig moest hij vreselijk lachen en gaf hij mij een fantastische oneliner. Vervolgens draaide hij zich om en liep weg. Ondanks dat je dit geen interview kunt noemen – eerder een heel stomme vraag stellen en een mooi antwoord krijgen – heb ik er enorm veel van geleerd, namelijk dat het helemaal niet om mijn vraag gaat. Het gaat erom dat je die gasten een leuk antwoord laat geven, en hoe dat tot stand komt maakt helemaal niets uit.

Iedereen was natuurlijk direct nieuwsgierig en onder de indruk van die nieuwe Nederlander. Mensen kwamen even kennismaken en op dat moment was mijn naam in die paddock meteen gevestigd. Een nieuwe collega uit Nederland die zo brutaal als de neten is, want hij krijgt het voor elkaar dat Schumacher zich omdraait en terugkomt.

Die brutaliteit bracht me ook wel eens in de problemen, ook bij Schumacher in dit geval, nadat ik iets verkeerds had gezegd over hem en we een beetje ruzie kregen. Uiteindelijk moest ik me melden bij het motorhome van Ferrari op donderdagmiddag om 17.00 uur. Ik was daar op tijd en meldde me, waarna ik naar een plek werd gewezen waar ik mocht wachten. Schumacher heeft mij daar een aantal uur laten zitten op een stoel in een heel klein hokje. Wachten, wachten, wachten. Ik geloof dat ik daar wel drie uur heb gezeten. Uiteindelijk kwam er iemand van Ferrari zeggen dat ik naar boven mocht. Daar aangekomen zag ik allemaal engineers zitten voor een debrief. Ik stiefelde dwars door die engineers, liep naar Schumacher toe en zei: 'Als jij mij nog één keer voor Jan Lul op die stoel laat wachten, dan hoef ik helemaal nooit meer met je te praten, want ik vind dit echt bezopen. Dat je boos wordt is prima. Maar dat ik hier moet komen, belachelijk, belachelijk en nog een keer belachelijk!' Ik draaide me om en liep weg, het motorhome uit en zo naar buiten. Maar op het moment dat ik die Ferrari-deur achter me dichtdeed, schoot ik in de stress, werd ik rood en groen en dacht ik: o mijn God, wat heb ik gedaan? Ik heb Michael Schumacher in zijn eigen motorhome voor zijn eigen engineers en met allerlei mensen om hem heen een enorme grote mond gegeven. Ai... dat was niet verstandig, dacht ik. Dat was geen goede actie van mij. Zo voelde het. Ik liep weg en had er meteen al spijt van.

De volgende dag zou Schumacher een vrije training doen en daarna was er een mogelijkheid om vragen te stellen, aan het eind van de pitlane waar Ferrari altijd het hekje spant. Hij geeft al niet veel interviews, dus we gingen er toch maar naartoe – ondanks dat ik dacht dat hij nog steeds link was op mij. We stonden vervolgens allemaal langs dat lintje, in volgorde zoals je het ook bij het vierkantje ziet staan: eerst Kai Ebel en dan de Engelstalige ploegen. Ik ging maar gewoon een beetje aan het eind staan, wellicht kon ik bij iemand anders even mee hengelen om een quoteje van Michael Schumacher te krijgen. Toen hij kwam aanlopen, met zijn helm nog onder zijn arm, viel het helemaal stil daar in die paddock. Hij keek al die verslaggevers aan en zei: 'Today we start with Jack,' waarop hij recht op mij af banjerde. Wat?! Oké, dacht ik, nu heb ik een kans. Ik begroette hem met een grote smile op mijn gezicht, zo van: ik kom het even goedmaken. In mijn hoofd twijfelde ik: wat zal ik doen? Waarna ik hardop zei: 'Nee, ik heb geen vraag voor jou vandaag.' Met hele grote ogen keek hij mij aan, waarna ik snel reageerde met: 'Geintje.' We gaven elkaar de hand en vanaf dat moment was het absoluut klaar. Er was geen probleem meer met Schumacher, ik kon altijd even een quoteje halen, hij had altijd even tijd voor mij. Zo zie je maar weer dat een botsing of meningsverschil niet altijd hoeft te leiden tot een eeuwige scheiding. Ik denk nog vaak terug aan onze eerste ontmoeting, in het beroemde vierkantje.

Natuurlijk is niet alleen het verhaal van Michael Schumacher blijven hangen bij het vierkantje. Zo hadden we ook Lando Norris die voor het eerst Belgisch sprak bij ons in het vierkantje, Kimi Räikkönen die even losging in Spa, te veel om op te noemen eigenlijk. En niet alleen de rijders zorgden voor memorabele momenten, ook de collega's deden dat. We hebben onder andere heel veel vrienden gemaakt bij Canal Plus, ontzettend aardige mensen die ook keihard werken voor hun centjes. In het begin was de taal natuurlijk wel een beetje lastig, want ik spreek geen woord Frans en zij hadden op hun beurt wat moeite met Engels, maar langzaamaan is dat ook weer beter geworden en zijn we heel goed bevriend geraakt. Met collega's van andere omroepen ging de vriendschap wat stroever, bijvoorbeeld bij Sky. Wat een aparte club is het toch ook. Eerst was het alleen Sky, toen ook Sky Duitsland, vervolgens was het Sky Italia, daarna Sky Engeland én Sky News. Op een gegeven moment stond ik in het vierkantje met vijf ploegen van Sky, hoe gek wil je het hebben? Sky was ook de ploeg die meer vragen mocht stellen aan rijders dan afgesproken en daar waren wij als kleinere ploegen best wel eens pissig over, want waarom is er nou niemand die dat controleert? We kregen allemaal op onze sodemieter als we meer dan twee vragen stelden, en deden daarom allemaal netjes mee, maar Sky niet. En als er wel iets van werd gezegd, dan losten ze het gewoon op door er met verschillende ploegen te gaan staan en dan per Sky-ploeg telkens twee vragen te stellen...

De rijders vertellen als ze alle ploegen een voor een afgaan vaak steeds hetzelfde. Dat was altijd best vervelend, zoals bij George Russell, een Engelse rijder in het team van Williams. Hij ging eerst al de Engelse ploegen af en kwam dan vaak als laatste, als hij zijn verhaal al meerdere keren had gedaan, bij ons. Het was dan soms zo lastig om een leuk aanloopje te verzinnen om alsnog een spontane lach op het gezicht van Russell te krijgen.

Er zijn collega's die verrekte goed zijn, en dat zie je in het werk niet vaak terug. Maar als je met ze in het groepje stond en hen een aantal vragen hoorde stellen, dan bleek wel dat ze heel bijzonder waren. Zo zijn er ook collega's waarvan ik denk: wat doet die hier? Zo was er eens een Italiaanse collega die niks wist van de Formule 1, maar wel fantastisch goede vragen stelde. Later bleek dus dat ze werd geholpen doordat ze een oortje in had, net als Robert Doornbos en Rob Kamphues bij ons in de studio. Zij krijgen dus van alles ingefluisterd en gecorrigeerd. Ze worden via hun oortje even tot orde geroepen of er wordt iets voor ze opgezocht. Zo ook dus bij die Italiaanse collega. Het zag er aan de buitenkant goed uit, maar ik zag dan helemaal voor me dat er een regisseur was die in haar oor schreeuwde: 'Vraag nog even naar het stuur.'

Van een andere collega, Jenny Gow, heb ik behoorlijk last gehad omdat ze nogal luidruchtig aanwezig was, als ik het zo mag zeggen. Zij vond het regelmatig nodig om met haar radioshows, toen op BBC Live, voor te dringen. Dus ondanks dat wij de afspraak hadden met Ziggo en Verstappen dat hij als eerste bij ons zou komen, was zij dan geneigd om de eerste vraag te stellen aan Max als hij aan kwam lopen bij het vierkantje. Dat vond ik best wel irritant. En ook al heb ik haar er een keer op de afspraak gewezen, toch bleef ze het doen. Omdat ze dingen live doet, heeft ze vaak een headset op. Ze gaat dan dus pal naast ons dingen staan schreeuwen op het moment dat wij met een interview bezig zijn. Te bang om haar plekje te verliezen, bleef ze dan ook staan in het vierkantje. Je snapt wel dat we regelmatig aanvaringen hebben gehad met Jenny.

Gelukkig zijn er ook collega's die er heel positief uitspringen. Bijvoorbeeld Kai Ebel, mijn Duitse collega. Hij is een bokser die ook in de Formule 1 zit, omdat hij het een mooie sport vindt en er plezier in heeft om met sportmensen te praten. Kai stond altijd heel erg bekend om zijn markante kleding – die zijn vrouw voor hem maakte overigens. Hij had mooie schoenen, mooie kleding en kwam altijd met een visagiste helemaal opgepoetst naar de circuits. Op het moment dat Kais interview klaar was, werd hij weer bijgepoederd. Fantastisch om te zien vond ik het: zij kwamen dus met dertig à veertig man naar zo'n circuit toe om even hetzelfde te doen als wat wij met drie mensen doen.

Naast Kai springen ook de Oostenrijkers eruit, ook al hebben ze maar een kleine ploeg. De producent deed heel vaak zelf de interviews voor de Oostenrijkers en ook hij is een fantastische collega. Hij kwam overleggen, gaf mij iets door wat hij van Helmut Marko wist en vervolgens gaf ik hem weer iets door over iemand anders. Zo was er een fantastische wisselwerking met de Oostenrijkse televisie en hadden wij een supergoede klik met hen. Dat was ook het geval met de Hongaren, hoewel die helaas hun accreditatie zijn kwijtgeraakt, want in het laatste jaar waren ze niet aanwezig. Dat was altijd ongelooflijk fijn werken, net als met de Finnen. We zijn allemaal met kleine landjes, met kleine ploegen, en moesten natuurlijk onze krachten bundelen om met name tegen dat grote Sky op te kunnen boksen. Sky legde natuurlijk wel een enorme claim op al die rijders en zeker toen ik in die coronaperiode soms naast het vierkantje moest staan omdat ik uitgeloot was, stonden zij daar weer met hun live podium. Dan moesten die rijders dus eerst bij vijf ploegen van Sky een verhaal doen, want het kwam weer in allerlei andere programma's terecht. Daarna moesten ze dan ook weer het podium op komen bij Johnny Herbert en Damon Hill. Dan moesten ze daar nog even live hun verhaal doen in de nabeschouwing en stond er dus een producer van Sky naast het vierkantje die rijders daar weg te trekken als ze het vierkantje uit kwamen. Tegelijkertijd stond ik ze daar natuurlijk ook weg te trekken om voor ons het interview te doen en dat gaf soms nog wel eens een ernstige botsing. Dat was niet altijd fijn en de vloekbeurten waren dan natuurlijk niet van de lucht. Dan moest ik soms toegeven dat deze collega niet zo aardig was. Goede herinneringen in het vierkantje heb ik toch vooral aan collega's van vroeger.

Zo hadden we een collega uit Japan, Kazuhito Kawai, een fantastische kerel. Geweldig hoe hij alles met zijn charme, Japans-Engels en moeilijke zinnen bij die rijders voor elkaar kreeg. Helaas is hij ook de rechten kwijtgeraakt, waardoor hij niet meer zichtbaar is in de Formule 1, maar toch schrijft hij mooie artikelen en houdt hij zich er nog wel echt mee bezig.

Japan was natuurlijk een heel belangrijke markt. Kazuhito had niet alleen een band met de Japanse rijders, maar ook met Honda en al die andere mensen die een link hadden met Japan. Hij heeft mij geleerd om Japanse gerechten te eten, waaronder de Japanse pizza, de zogenaamde okonomiyaki. In Japan nam hij ons op een avond mee naar een of ander klein tentje, waar wij natuurlijk alweer moesten bukken bij de ingang. Achter een gordijntje met kralenkettinkjes stond een heel oude man met drie tanden in zijn mond, samen met zijn vrouw achter een hete bakplaat allerlei gerechtjes te maken. Je kon dan kiezen tussen varken, koe en kip. Als wij daar zelf iets moesten bestellen verliep dat echt dramatisch, maar dankzij Kazuhito hebben we dus een hoop geleerd over Japans eten. In de jaren daarna hebben wij met elkaar in diezelfde tentjes altijd maar weer die okonomiyaki gegeten.

Kaz was een heerlijke vent en ondanks dat hij wat lastig Engels sprak, heeft hij ons echt goed op weg geholpen. Ook in Japan heeft hij ons al die gewoontes bijgebracht – diepe buigingen maken, nooit nee zeggen, dat is onbeleefd. Het is echt een bijzonder mooi land. De Japanse vriendelijkheid, gastvrijheid en het lekkere eten zal ik dus heel erg missen bij het reizen rond de wereld. Als we terugkijken naar al die jaren, is de Japanse grand prix nog altijd een van onze favoriete.

Naast de rijders bezochten ook teambazen het vierkantje. Dat gebeurde altijd op vrijdag. Dan gingen de twee teambazen eerst naar de schrijvende pers, waarna ze weer blij waren als ze vervolgens bij ons in het vierkantje kwamen. Natuurlijk was het niet altijd dikke pret en gingen er ook veel dingen mis. Zo is Toto Wolff boos op mij geworden en ging Guenther Steiner helemaal uit zijn dak tegen ons.

En niet te vergeten Otmar Szafnauer die gewoon tegen ons loog toen ik hem vroeg naar de geruchten dat hij zou stoppen en misschien naar Alpine zou gaan. Tranen rolden over zijn wangen op dat moment. En wat is er inmiddels gebeurd? Hij is gestopt bij Aston Martin. Ook daarvoor staan we in het vierkantje: we horen wel eens geruchten die we willen checken, en ik vind dat het onze taak is om naar zulke dingen te vragen.

Ik hoef je vast ook niet te vertellen dat mijn relatie met de voormalig Renault-teambaas, die inmiddels van het toneel is verdwenen, dramatisch was. Hij heeft een tatoeage van Daniel Ricciardo laten zetten, maar is ondertussen nergens meer te vinden. Ik weet nog goed dat Cyril Abiteboul in het vierkantje kwam en ik hem voorlegde: 'Joh, de doelstellingen die je ooit geroepen hebt over races winnen en wereldkampioen worden met Renault, daar komt eigenlijk niet zo veel van terecht.' Direct ontplofte hij: 'If you start with a lie, I will immediately stop this interview.' Dus ik antwoordde: 'Waarom is dit een leugen? Dit heb jij toch gezegd?' 'This is not what I have said, if you don't stop lying, I will stop this interview immediately.' Gelukkig nam de perschef, die wel bij het oorspronkelijk Engelse team hoort, hem toen even apart, waarna hij even later terugkwam en vroeg opnieuw te beginnen. Uiteindelijk is er toch nog wel een redelijk interviewtje uitgekomen, maar de relatie met Abiteboul is natuurlijk nooit echt lekker geweest omdat hij het gevoel had dat wij bij Max Verstappen hoorden. En Max, Red Bull en Renault – tja, dat ging natuurlijk echt voor geen meter. Wij hoorden natuurlijk van het team van Red Bull wat er allemaal gebeurd was, waaronder ook het gerucht dat ze allemaal onderdelen van de auto van Max die erop hadden moeten zitten vergeten waren af te geven. Zo hebben we ook het verhaal van de MGU-H die in een garage bij een andere auto lag, terwijl er VER op stond – iets wat wel heel duidelijk maakte dat die voor Verstappen was. Via Red Bull wisten we dat het een zooitje was, maar natuurlijk brachten ze dat niet zelf naar buiten en lekten ze dat naar ons, zodat wij er eens naar konden vragen.

Er waren gelukkig ook leuke teambazen die bij ons in het vierkantje kwamen om vragen aan te stellen. De leukste teambaas is natuurlijk Guenther Steiner, met hem is het altijd gezellig. Hij zegt altijd de waarheid, ook toen er bijvoorbeeld stront aan de knikker was met de twee rijders in 2020, Grosjean en Magnussen. Daar deed hij ook nooit moeilijk over. 'Ja, ze moeten gewoon naar mij luisteren, ik ben de baas.' Echt geweldig! Daarna hoorden we hem, omdat we natuurlijk een klein team waren, weer een telefonisch gesprek voeren met Gene Haas en stond hij daar dan te schelden en vloeken. Ook typisch Guenther is zijn uitspraak in de Netflix-serie *Drive To Survive*: 'We look like a bunch of idiots.' Hij was ook degene die naar me toe kwam toen ik zelf onder vuur lag door mijn 'French fuck'-opmerking waarbij Renault me een oor probeerde aan te naaien. Toen stak hij me wel even een hart onder de riem door te zeggen: 'Joh, blijf jezelf, weet wie je bent. Je bent nu even gepiepeld door iemand die dat online gezet heeft. Maak je geen zorgen! Wij zullen heus wel lekker interviewtjes met je blijven doen.' Ook dit seizoen houdt hij zich aan zijn woord en elke vrijdag voor een race doen we een Zoom-meeting voor Ziggo Sport en zenden een gedeelte daarvan uit in het *Race Café*. Het zal vast herkenbaar zijn geweest voor Steiner, want ook hij en die andere teambazen worden natuurlijk wel eens gepiepeld wanneer ze toevallig net even iets verkeerds zeggen en vervolgens weer met een oneliner vol clickbait online staan.

In dat vierkantje gebeuren altijd wel bijzondere dingen – hoewel het ook altijd erg hectisch is, zeker na de kwalificatie. Die begint namelijk zoals we dat de laatste tijd deden: de rijders kwamen tijdens een kleine pauze in het vierkantje staan en boden zichzelf aan bij iedereen die even vrij was. Maar ondertussen ging de kwalificatie gewoon door. En dan moet je dus met één oog kijken naar de volgende groep die komt en letten op wat daar is gebeurd, want je wilt toch een vraag stellen. Een nadeel van een kleine ploeg was dan ook dat er niemand naast mij stond om even te helpen met het opschrijven van vragen of het doornemen van dingen. Je moet het helemaal zelf doen. Luisteren naar het commentaar van Olav, terwijl je ondertussen een interview met iemand staat te doen – dat je soms ook moet vertalen als het live is – en iemand anders ernaast staat te wachten die je ook snel wilt spreken want anders gaan ze weg. O, en vergeet niet om nog even te knikken naar de persmedewerker.

Alles tegelijk is dan een uitdaging en zeker wanneer je collega dan nog eens een grap met je uithaalt. Ik weet namelijk nog een van die briljante momenten in het vierkantje met Juan Pablo Montoya, rijder van Williams. Het was precies in een commercial break, waardoor we het niet live konden doen, maar we speelden alsof we het wel live deden. Ik begon: 'Olav, we hebben hier beneden Juan Pablo Montoya staan,' waarna ik even met de microfoon uit aan Juan en zijn manager een klein signaal gaf dat we eraan kwamen. Olav kondigde intussen aan dat we overschakelden naar mij en Juan. Ik gaf de microfoon aan Juan zodat hij in mijn microfoon kon praten, die ik ook kon horen, maar door de herrie die vanwege de kwalificatie gaande was, hoorde ik buiten de microfoon om niks. En wat deed Olav om mij te pesten precies op het moment dat Montoya tegen mij praatte? Hij begon keihard in mijn oor te zingen, waardoor ik dus helemaal niks verstond van wat Montoya zei. Ik liet me niet kennen en stelde gewoon nog een vraag, maar ook daar zat Olav dwars doorheen te zingen. Toen Montoya klaar was met praten, zei ik: 'Terug naar jou Olav.' En toen deed Olav iets wat legendarische matennaaierij in het kwadraat was: hij vroeg mij om even te vertalen wat Montoya zojuist tegen mij gezegd had. Een heleboel mensen zouden op dat moment stilvallen, maar ik dacht: mij krijg je niet, Olav Mol, ik praat gewoon door. Dus ik verzon uiteindelijk maar wat en hoewel ik er achteraf nog wel nare reacties op kreeg van mensen die allemaal achter de typemachine waren gekropen – 'Plooij, blijf maar lekker thuis, want vertalen kun je ook al niet!' – was het wel dolle pret op dat moment tussen Olav en mij.

Ondanks dat het vierkantje een belangrijke positie voor mij als pitreporter is – het is toch mijn vaste plekje geweest de afgelopen jaren – heeft het in de loop der jaren steeds meer van zijn charme verloren. Gaandeweg werd het een soort rechthoek, toen een halve cirkel en uiteindelijk is het een beetje aan de circuits zelf overgelaten hoe het vierkantje er in de praktijk uit komt te zien. Het draait dan uit op de vraag: waar is de meeste ruimte? Echt bizar, want hierdoor hebben ze bij het FOM wel eens een vierkantje gepland aan de kant van het helikopterplatform. Dus als jij interviews staat te doen en er stijgt een helikopter op, kun je je interview gewoon vergeten. Of het vierkantje komt aan de kant te staan waar de fly-over wordt uitgeprobeerd door de straaljagers. Het is echt onbegrijpelijk dat er soms bij zo'n grote organisatie zulke dingen doorheen glippen. En ook rijders glippen er soms nog doorheen – ondanks dat het vierkantje verplicht is, maar er is natuurlijk niemand van de teams die de tellingen bijhoudt.

Ik wil wel even een kleine veer in de reet steken van Luca Colajanni, oud-perschef van Ferrari, die voor het FOM de laatste jaren een beetje begeleiding deed bij het vierkantje. Hij was echt geweldig. Hij was streng doch rechtvaardig en hij deed het echt hartstikke goed. Hij zorgde ervoor dat iedereen aan de beurt kwam en zich hield aan de afspraak dat iedereen maximaal twee vragen zou stellen. Hij was degene die zijn best deed daar een rechte lijn in te trekken. Luca is inmiddels weer teruggegaan naar Ferrari.

In de laatste paar jaar zijn er ook opeens mensen van de FIA verschenen die zich er een beetje mee zijn gaan bemoeien. Zij regelen de persconferenties en moeten ervoor zorgen dat de rijders daar verplicht naartoe gaan. Zo hebben we tegenwoordig te maken met Laurent van de FIA: hij is echt fantastisch en helpt ons goed. 'Hé, Jack, zag ik goed dat Vettel erdoorheen glipte?' Nog geen minuut later belde dan hij Britta Roeske en zei: 'Jack staat hier nog, die heeft jullie gemist en wil graag een interview.' En dan kwamen ze ook echt terug!

In de coronatijd werd het helaas anders, want toen kwam er vanuit de teams het verzoek om meer afstand tussen de cameraploegen. Toen bleek echter dat er te weinig ruimte was tussen de cameraploegen onderling. Vanaf dat moment werd met een loting bepaald wie er op welke dag in het vierkantje mocht. Er zijn enkele belangrijke momenten, waaronder de donderdag, ook wel de mediadag, waarop alle coureurs voorbijkomen. Als je dan in het vierkantje staat, kun je wat dingetjes maken. Op vrijdag was de persconferentie van de teambazen, waarvan het niet zo heel erg is als je die mist, en dan heb je natuurlijk op zaterdag de kwalificatie en op zondag het moment na de race. Dat waren de vier momenten die werden verloot. Het kon dus zomaar gebeuren dat ik op donderdag uitgeloot was. Wat ik dan deed? Naast het vierkantje staan. Zodat de rijders toch even bij me wilden stoppen wanneer ze met hun begeleiders uit het vierkantje stapten en terug naar hun motorhome wilden gaan. Dit konden we voorbereiden door van tevoren even met de mediachef van het team te bellen of even een mailtje te sturen dat we niet in het vierkantje stonden. Soms stuurde je dat mailtje te laat en kreeg je geen reactie, dus het beste was nog altijd een-op-een te vragen of ze bij mij een verhaaltje wilden doen. Soms willen de rijders wel en willen de mediamedewerkers niet. Leclerc en Sainz bijvoorbeeld willen bij mij altijd wel even stoppen om een kort quoteje te geven, omdat ze weten dat ik toch niet naar hun levensverhaal ga vragen, maar dat wil de perschef van Ferrari weer niet, om verscheidene redenen. Omdat je geen ruzie wilt met de perschef – en ik ken er gelukkig genoeg door twintig jaar Formule 1-ervaring – moet je het dus soms laten gaan. Het is veel belangrijker om je relatie met zo'n persmedewerker niet te verstoren, want na al die jaren heb ik vaak aan een knipoog al genoeg. Als ik dan op de grid toch iets wil doen wat niet gescript en dus echt live is, doe ik dat soms toch, waarna ik achteraf natuurlijk op mijn sodemieter krijg. Sorry, doei, maar goed: niet geschoten, altijd mis. Uiteindelijk sta ik toch bij dat vierkantje om reacties van de rijders te krijgen. Echt niet een heel levensverhaal, maar gewoon een reactie over wat er in de race of de training is gebeurd. Allemaal zodat de kijkers thuis kunnen genieten van hun held. Daar doe ik het voor, en niet voor die azijnpissers die van alles roepen.

Het behoeft natuurlijk geen uitleg dat ik het met Daniel Ricciardo altijd bijzonder aardig kon vinden. Ook naast de baan gingen we wel eens gezellig ergens wat drinken en konden we ook over andere dingen praten dan alleen maar de Formule 1. Dat ik met Daniel een speciale band kreeg, begon bij de grand prix van Japan in 2019. Toen reed hij voor het team van Renault, gingen we samen even *arigato* zeggen en probeerden we het woord zo lang mogelijk te rekken. Hij won uiteindelijk en alle collega's om mij heen vonden het hilarisch dat wij dat gewoon live op televisie aan het uitzenden waren. Ik weet nog dat hij de grand prix in Monaco won en vol overgave het zwembad in ging. O, wat was hij blij! Voor de Nederlandse fans van Max Verstappen was dat natuurlijk niet leuk, maar het was wel bijzonder gaaf voor Daniel, en ik gunde hem ook die overwinning. Ik heb met hem altijd een speciale band gehouden tot de laatste race aan toe, waarbij hij als een van de eerste coureurs in het vierkantje in Abu Dhabi riep: 'Wat hoorde ik nou? Je gaat ermee stoppen?' Ik zeg: 'Nou nee, ik ga er niet mee stoppen. Ik móét ermee stoppen, voorlopig althans, want er is gekozen voor een andere oplossing en daar hoorde ik helaas niet bij.' Hij vond het een drama! Gelukkig hebben we er daarna nog wel contact over gehad en proberen we in het nieuwe seizoen op een andere manier toch nog iets voor elkaar te krijgen, buiten het circuit om. Fantastisch om zo toch nog leuke dingen te kunnen maken met Daniel Ricciardo, want laten we vooropstellen: het is natuurlijk wel een bijzonder gave gast.

17

NIEUW SEIZOEN, NIEUWE KANSEN

Wie had gedacht dat Max alsnog die wereldtitel zou pakken nadat Mercedes alle zeilen bijzette na de terugkeer van Lewis Hamilton in het seizoen? De mensen die dat voorspeld hebben, hadden wel heel veel vertrouwen in Max, want laten we eerlijk zijn, Mercedes kwam vorig seizoen heel sterk terug. Het zag er voor Mercedes toch wel heel goed uit, totdat Red Bull Racing in de aanval ging voor die achtervleugel en dat ook perfect deed. Het leek alsof daar niet zoveel aan gedaan werd en ik denk dat Mercedes dan toch zelf eieren voor z'n geld heeft gekozen door zelf die vleugel niet meer te gebruiken en niet te wachten op fikse straffen van de FIA. Dat heeft waarschijnlijk ook heel veel geholpen. Wij telden al die kleine dingetjes bij elkaar op, wat ertoe leidde dat wij in Saoedi-Arabië eigenlijk al dachten: nu gaat het gebeuren. Uiteindelijk gebeurde het pas in die laatste race. Wat zeg ik, pas in de laatste ronden.

Voor die laatste race in Abu Dhabi was aan diverse rijders al gevraagd of ze een voorkeur hadden. Er waren eigenlijk niet veel rijders die een duidelijke voorkeur uitspraken, ook niet de oude teamgenoten van Max. Sainz maakte het niet zoveel uit. Hij zei: 'Ze zijn allebei heel erg goed.' De Mercedes-rijders en -klanten zeiden natuurlijk ook allemaal geen voorkeur te hebben. Er was eigenlijk maar eentje die wel een voorkeur uitsprak – twee als ik heel eerlijk ben. Mick Schumacher durfde natuurlijk niet heel hard te roepen dat hij liever wilde dat Max wereldkampioen werd. Maar dat wilde hij natuurlijk wel, want als Hamilton die achtste titel zou pakken, zou hij met die titel zijn vader voorbijgaan in de historie van de Formule 1. Ik kan me voorstellen dat je daar als zoon van Michael Schumacher voorzichtig mee omgaat, voordat de journalisten direct weer op die vader zouden inhaken. Dat is toch wel een beetje glad ijs. En ik moet zeggen dat die bij het team van Haas door Stuart Morrison toch behoorlijk goed is getraind, en natuurlijk ook Sabine Kehm. Sabine is de oude begeleider van Michael Schumacher en zij begeleidt nu ook Mick in de F1. Ze is een stukje grijzer geworden en volgens haarzelf, met een grote glimlach, ook wat zwaarder – terwijl ze dan naar mijn buik wijst.

Mick was dus een klein beetje voor Max. Maar eigenlijk was er maar één die al drie wedstrijden lang voor onze microfoon open en eerlijk zei dat de titel voor Max was, en dat was Fernando Alonso. Hij keek altijd in het vierkantje van: hoe gaat dat met Max? Komt Max voor Lewis terecht of moet hij in de aanval? Geweldig.

Als je terugkijkt naar die laatste race zag het er natuurlijk niet geweldig uit voor Max. Hij moest in de aanval, hij kon niet verdedigen. Voor aanvang van de wedstrijd had iedereen nog goede hoop, zeker door Max' pole position, maar al kort na de start reed Lewis bijna de hele wedstrijd in Abu Dhabi vóór Max. Als ik heel eerlijk moet zijn, dachten wij natuurlijk gaandeweg die race dat de kansen voor Max steeds kleiner werden. Staand in het vierkantje kon ik alleen maar luisteren en met één oog naar het televisiescherm kijken. Heel goed kon ik het niet zien, omdat de Abu Dhabi-race in de schemer plaatsvindt en de zon langzaam ondergaat. Je kijkt naar de lichte schermen precies tegen de zon in.

Heel spannend kon deze laatste race niet meer worden, dachten we. Iedereen zei tegen mij, vooral de Engelstaligen in het vierkantje natuurlijk, dat Lewis met twee vingers in zijn neus het kampioenschap zou halen. Totdat Nicholas Latifi crashte, de safety car op het circuit kwam en Max naar binnen ging voor nieuwe banden. Lewis deed dat niet, want hij wilde baanpositie en per se voor Max blijven rijden. En dan is de grote vraag: wilde Lewis dat zélf of was dit de tactiek die het team had uitgestippeld? We zullen er voorlopig nog niet achter komen, want ik denk dat hijzelf noch het team daar voorlopig uitspraken over zal doen.

Als je echter kijkt naar hoe Mercedes de afgelopen jaren de races heeft gewonnen, dat ze op de thuisbasis op zaterdagnacht een heleboel mensen op computers een aantal racestrategieën laten uitproberen, heb ik zomaar een donkerbruin vermoeden. Het verhaal gaat dat er wel zevenhonderd racestrategieën worden gereden door studenten en medewerkers in Engeland in de nacht voor de race, en dat op basis daarvan de beste strategie wordt uitgekozen. En als dat dus al jaren het geval is, waarom zouden ze dat dan in die laatste race niet doen? Daarom denk ik dus dat de strategische bepalende mensen binnen het team van Mercedes hebben gezegd: we kiezen voor deze strategie en zorgen dat Lewis altijd voor Max blijft rijden in die hele race. Waar niemand rekening mee gehouden had, is natuurlijk Michael Masi, de Race Director.

Tegen het einde van de race kwamen er al een paar mensen in het vierkantje die uitgevallen waren, wat betekende dat we ons werk moesten doen. Ik moet toegeven dat we toen wel een klein beetje teleurgesteld waren. Ik meende dat Kimi Räikkönen al helemaal omgekleed was, uit de Alfa-kleren en dus klaar voor dit seizoen. Dan sta je daar dus te wachten op het interview met Kimi, terwijl ondertussen die laatste fase van de race ingaat. Naast mij stond mijn collega Chris Medland, een Engelsman nota bene, die zei: 'Jack, ik heb een vreemd gevoel dat er in die laatste ronde nog wat gaat gebeuren. Dus wees niet ongerust.' Hij had de woorden nog maar net uitgesproken of daar kwam het moment dat Michael Masi een aantal auto's achter Lewis Hamilton weghaalt, de marshalls over de vangrail springen en de race dus weer vervolgd kan worden – gelukkig geen finale onder de safety car, maar gewoon racend. Toen rechtte iedereen in het vierkantje z'n rug en gingen alle collega's staan.

Michael Masi's beslissing waardoor Max uiteindelijk vlak achter Lewis Hamilton én op een zachte compound kwam te rijden, viel natuurlijk niet in goede aarde bij het team van Mercedes. Dat verweet Masi dat hij voor entertainment koos in plaats van voor een goede strijd. Maar nogmaals: Mercedes had gewoon een andere strategie moeten kiezen en moet niet zo mauwen. Uiteindelijk heeft het heel lang geduurd voordat er daar door de nieuwe president van de FIA, Mohammed Ben Sulayem, een beslissing over werd genomen. Op maandag 14 februari kwamen Toto Wolff en Christian Horner in Engeland voor de commissie. Eigenlijk zou een uitspraak van de commissie en de FIA heel snel volgen, maar uiteindelijk heeft dat nog een paar dagen geduurd, omdat Ben Sulayem toch even wat meer tijd nodig had. Inmiddels is besloten dat Michael Masi niet meer als wedstrijdleider actief zal zijn en dat zijn taken afwisselend worden overgenomen door Eduardo Freitas en Niels Wittich.

Door alle protesten op dat moment – we zagen mensen van Mercedes heen en weer gaan en er was zelfs al een advocaat bij Mercedes aanwezig – dachten we dat de uitslag misschien onder voorbehoud zou zijn. Maar dat was niet het geval. Max Verstappen is wereldkampioen! Ja, hij flikt het gewoon!

Op dat moment gaat natuurlijk de hele wereld uit z'n dak. Van alles gebeurt er, je kijkt met één oog naar rechts, moeten we dan toch nog de interviews doen met de uitgevallen rijders? Gaan we die toch nog interviewen of ga ik op stap? Uiteindelijk koos ik ervoor om op stap te gaan met de camera en dat was een risico, omdat onze ontvangst bij het vierkantje geweldig was, maar dat was minder het geval in de paddock, in de pitbox – als ik daar mocht komen – en in de pitstraat. Hilversum was niet blij met dit risico, maar achteraf gezien hebben we, denk ik, goed gekozen, want we zijn direct de pitstraat in gegaan, waar ik bij Jonathan Wheatley aan de pitwall terechtkwam. Ik wilde natuurlijk ook meteen even een reactie losweken, maar Gianpiero Lambiase kon niet heel veel zeggen – en dat mag hij natuurlijk ook niet.

Uiteindelijk zijn we bij Jos terechtgekomen, die net als in Zandvoort wat overvallen was door het plots wegvallen van de spanning. Toen was hij wat wiebelig en greep hij me vast terwijl hij een beetje half bewegend fantastische antwoorden gaf. Maar hoe fantastisch moet het zijn als je daar jaren naartoe werkt, er van alles gebeurt en het in zo'n jaar mis lijkt te gaan. Zo'n fantastische overwinning. Het is niet niks om onder die druk in Zandvoort voor je thuispubliek te presteren. En dus was ik ook zo blij met de reactie van Jos onder het podium in Abu Dhabi. Daarna zijn we achter de pitbox gaan kijken of we Christian Horner of andere mensen van het team konden spreken. Uiteindelijk kwamen we terecht bij prins Bernhard en anderen die daar natuurlijk ook rondliepen met een glas in de lucht. We hebben mooie reacties van heel veel mensen kunnen verzamelen, want het was gewoon gebeurd: Max Verstappen is wereldkampioen Formule 1.

We konden vervolgens niet wachten hem te spreken in het vierkantje, toen hij uiteindelijk na alle plichtplegingen nat van de champagne bij ons kwam staan. Ik wilde hem natuurlijk die belangrijke vraag stellen: gaat hij als wereldkampioen volgend jaar ook met nummer één rijden? Maar vooral wilde ik hem feliciteren, want wat heeft hij dat fantastisch gedaan! Ik heb megaveel respect voor deze jonge Nederlander. Hij bleef maar wachten op die laatste kans, zonder in paniek te raken, en heeft onder die immense druk gepresteerd. Een ongelooflijk mooi verdiend wereldkampioenschap, en zo snel al. We weten natuurlijk dat Max goed is en we weten dat hij de strijd met iedereen aan kan gaan. Uiteindelijk was Max briljant in die laatste race, kwam hij als winnaar uit de bus en werd hij toch gekroond tot wereldkampioen. En ja, hij gaat met nummer 1 rijden!

Naast dat we Max heel erg graag wilden spreken na zijn overwinning stonden we natuurlijk ook in het vierkantje te wachten op de verslagen wereldkampioen. Wij dachten namelijk dat Lewis Hamilton alsnog iets zou komen zeggen. Natuurlijk is dat lastig en niet leuk, maar desondanks had ik wel het een en ander voorbereid om hem te kunnen vragen. De Britse collega's in dat vierkantje stonden er een beetje beduusd bij, zij hadden nu dus een verliezend wereldkampioen in hun midden. Sir Lewis Hamilton was geen wereldkampioen. Ik werd gefeliciteerd door enkele Engelse collega's. Chris natuurlijk, maar ook Will Buxton en Nathalie Pinkham van Sky kwamen me feliciteren en omhelzen. Maar wat schetste mijn verbazing? Niet alleen kwam Lewis Hamilton niet in het vierkantje na die race, niemand van het team van Mercedes was er. Dat vond ik erg teleurstellend en had ik niet verwacht. Niet van hem, niet van Mercedes en zeker niet van Toto Wolff, iemand die over het algemeen toch wat bravourig is en niet om uitspraken verlegen zit. We hebben, denk ik, wel drie uur gewacht.

Na die race brak de radiostilte van Lewis Hamilton aan. Hij heeft niks gezegd over zijn verlies, is ondergedoken en heeft tot aan het begin van het nieuwe seizoen zijn mond gehouden. De vraag die iedereen dus elke week stelt is: waarom heeft Lewis Hamilton zijn mond gehouden? Wat is er aan de hand? Wat heeft hij gedaan? Waarom is hij ondergedoken, zelfs op sociale media, waar hij normaal zeer actief is? En vergeet ook niet wat Mercedes deed, die reageerde niet openbaar maar sprak alleen het F1-team aan. Als je daar met experts over praat, dan is het toch wel vreemd. Er gaan dan ook diverse theorieën over rond. Een groot bedrijf zoals het Mercedes-concern zal waarschijnlijk na de uitslag van die laatste race hebben gedacht dat er met een gestrekt been in gaan toch niet zo goed is geweest voor hun merk. Want laten we dat niet vergeten, Mercedes wil graag auto's verkopen en is druk bezig met het uitbrengen van nieuwe modellen.

Ik weet zeker dat deze herrie niet des Lewis Hamiltons is. Ik meen hem een klein beetje te kennen na een aantal jaar in de Formule 1. Hij is natuurlijk wel erg op zichzelf, houdt zich aan de regels en wil helemaal niks buitenom doen. Als hij door de paddock heen gaat, gaat hij op zijn step. Hij is heel anders dan alle andere rijders, die gewoon in de paddock lopen, gewoon aanspreekbaar zijn en met wie je gewoon even een praatje kunt maken. Zij zullen ook altijd even netjes hun hand opsteken als je hen tegenkomt, terwijl Lewis erg in zichzelf is gekeerd. Je kunt het natuurlijk ook negatief benaderen en zeggen dat hij divagedrag vertoont. Als je daar van een afstand naar kijkt, snap ik dat ook wel. Maar als je wat dichterbij komt, wat ik meemaakte toen ik in Zandvoort had geregeld dat hij even snel prins Bernhard kon ontmoeten, zie je wel de echte Lewis.

Niet alleen de verliezer van die laatste race dook onder, maar ook de kersverse wereldkampioen deed dat na zijn overwinning, ware het wel op een heel andere manier, namelijk door op zondagavond uitgebreid te feesten. Wijzelf zijn niet zo van die feestbeesten, maar omdat we waren uitgenodigd besloten we uiteindelijk toch te gaan. Via de Chief of Media van Red Bull Racing kwamen we erachter dat het grote feest op een boot in een bepaalde haven was. Dus wij liepen terug van het hotel naar het circuit en gingen op zoek naar de jachthaven. Niemand kon ons echter een goede routebeschrijving geven. Na een half uur daar rond te hebben gelopen, waren we zover dat we tegen elkaar zeiden: weet je wat we doen? We gaan terug.

Toch heeft er alsnog een Plooij die avond met Max

feest staan vieren, namelijk mijn zoon Michael, die er die avond ook was met twee vrienden. Ze hadden op het laatste moment kaartjes geregeld en zijn naar Abu Dhabi gevlogen via de relaties van Michael, die voor Heineken heeft gewerkt. Toen zij in de jachthaven aankwamen, liep Michael richting de boten en sprak Max meteen aan. Door Max zelf is Michael met zijn vrienden toch nog op de goede boot bij Red Bull Racing gekomen en hebben ze tot heel laat in de nacht nog heerlijk staan feesten om Max' wereldkampioenschap te vieren.

Na Abu Dhabi ging ik zo snel mogelijk weer terug naar Nederland om deze drukke periode even achter me te laten. Er was natuurlijk heel veel gebeurd en de stress over het niet doorgaan van een verhuizing naar NENT en een verlenging van het contract bij Ziggo speelden een grote rol. Bij Ziggo wilden ze heel graag op de zaterdag van Abu Dhabi bekendmaken dat Olav en ik zouden blijven, en ik heb een beginnersfout gemaakt door pas toen we terug waren in Nederland de deal te sluiten. Als ik dat al in Abu Dhabi had gedaan, had ik wellicht een betere deal kunnen sluiten, maar dat is dus niet gebeurd. Ik was daarom eigenlijk wel een beetje klaar met het hele feest en besloot om één uur 's nachts via Dubai terug te vliegen naar Nederland, om zo snel mogelijk weer thuis te zijn. Dat wilde ik heel graag, aangezien feesten niet voor mij is weggelegd, we al zo lang op reis waren en er natuurlijk ook teleurstelling was.

Thuisgekomen kon ik even rustig alles laten bezinken,

waarbij ik ook bewust koos voor wat rust en kalmte. Na de laatste race van het seizoen is het beste moment om over wat dingen na te denken. De grootste vraag was natuurlijk: wat nu? Het einde van vijftien jaar als pitreporter. Wat gaan we doen? In Saoedi-Arabië kreeg ik de vraag van het FOM of ik voor hen wilde komen werken. Hopelijk gaat dat dus nog gebeuren, maar in welke vorm en in welke hoedanigheid... Dat heeft zich op dit moment nog niet uitgekristalliseerd, maar het zal vast goedkomen. Ik wil het allemaal rustig laten ontstaan.

Olav en Alexander Stevens hebben natuurlijk ook nog samen Grand Prix Radio. Zij hebben dit jaar de radiorechten om in ieder geval radioverslag te doen en Olav heeft gevraagd of ik daarbij wil helpen: 'Dan kun jij mooi een webreporter worden.' Hij vroeg ook meteen of ik tijdens de kwalificatie en de race naast hem wil zitten om de boordradio te bestuderen, af en toe even wat te roepen en om te luisteren of er nog bijzondere dingen gebeuren. Zo kunnen we toch nog samen het verslag doen van de races voor Grand Prix Radio, en doen we nog wat dingetjes voor Ziggo Sport. Dus al met al zitten er wel leuke dingen in het vat en kan er nog van alles gebeuren. Maar eerst wilde ik eens even een weekje of vier rust en kalmte.

Wanneer je dan lekker thuis bent en alles een beetje laat landen met kerst en oud en nieuw ontstaan er weer mooie nieuwe ideeën, zoals de Dutch Simrace Academy die zich meldde en leuke dingen wilde gaan doen. Natuurlijk kijk je ook al wat vooruit naar het nieuwe seizoen, met eerst natuurlijk de wintertesten in Barcelona. Die zouden heel groot worden, zodat we er met veel media naartoe zouden kunnen gaan, maar uiteindelijk werd het toch wat kleinschaliger. En terwijl je vooruitblikt ga je ook nadenken en ontstaat de volgende vraag: gaan wij nog verder met de rijders en met de teams? Gaan we op de Grand Prix Radio-accreditatie naar Barcelona of gaan we off-track een aantal dingetjes maken? Het is weliswaar niet met rijdende beelden, want daar we hebben de accreditatie niet voor, maar het is toch wel leuk om weer bij de start van het seizoen te zijn, ertussen te lopen, afspraken te maken met de teams, de perschef nog even duidelijk uit te leggen: hoe ziet het komende seizoen eruit? En wat gaan wij nog voor Ziggo Sport doen? Wat kúnnen we nog doen? Kunnen we nog interviews maken? En zo ja, wanneer en hoe?

Er was dus genoeg over na te denken in de winter en om het allemaal eens even te laten bezinken. Uiteindelijk hebben we ook besloten om *De Formule 1 Show*, onze theatershow die we al jaren met heel veel plezier doen, van een nieuw likje verf te voorzien.

Dat is natuurlijk heel bijzonder geweest, de theatershow die we de afgelopen jaren hebben gedaan. We hebben in veel theaters gestaan en in het begin hebben we er dan ook veel plezier aan beleefd wanneer we met de fans in een kubus bij de try-out stonden, waardoor de show zo drie uur duurde! Daarna gingen we dan nog naar de foyer om 'even' wat handtekeningen uit te delen. Dat werd ook algauw drie kwartier. Ook tijdens de coronaperiode, toen iedereen vóór tien uur het theater uit moest zijn, hebben we een aantal keer de show kunnen doen. We deden het toen in één stuk, dus een show van anderhalf uur, waardoor de mensen nog net iets konden drinken en dan weer op tijd buiten stonden. Voor het komende seizoen hebben we besloten dat we op de donderdagen het theater in gaan. Olav kan dan vanuit Spanje invliegen, waarbij we 's avonds de show doen en vooruitblikken op het komende raceweekend, en de vrijdag, zaterdag en zondag natuurlijk de race voor Grand Prix Radio bespreken.

De theatershow zelf hebben we zoals gezegd een beetje afgestoft, met nieuwe impulsen en een nieuw decor. De Formule 1-auto die op het podium stond is weg, alsook het vierkantje. In plaats daarvan hebben we een stuk of zeven Formule 1-poppen op het podium staan, met naast het scherm twee mooie doeken: de auto van vroeger en de auto zoals die nu is. We hebben een heel andere insteek in onze show en het is heel vernieuwend, heel verrassend.

En ik moet zeggen: dat is toch wel erg leuk om te doen. Dan ben je zo trots als wat op het feit dat we ooit het vertrouwen van Youp van 't Hek, met Hekwerk BV, en leermeester Huub Stapel hebben gekregen, waardoor we uiteindelijk een prachtige show hebben neergezet, waar heel veel mensen door het hele land van kunnen genieten. Uitverkochte zalen waarin we mooie verhalen kunnen vertellen over de rijders, van de bijzondere Kimi Räikkönen die hier in Nederland heeft gekart, tot aan wat voor fantastische prestatie Lewis Hamilton heeft geleverd, en natuurlijk Max Verstappen die in het nieuwe seizoen met startnummer één gaat rijden. Dat is overigens nog niet veel gebeurd, nog niet veel mensen durfden het aan, maar Max wel. Hem maakt het niet uit wat erop staat.

De show krijgt geen aangepaste naam, maar blijft natuurlijk gewoon *De Formule 1 Show* heten. Bij de Grand Prix Radio kun je ons natuurlijk wel op social media volgen, maar in het echt, op de circuits, zijn we niet te zien. Daarom hebben we veel zin om weer mee door het land te reizen en de fans weer in het echt zien en ontmoeten in het theater. Ik ben benieuwd welke mooie mensen en racefans we allemaal nog meer gaan tegenkomen.

Hoe het ook loopt, het staat vast dat ons een mooi seizoen te wachten staat, waarbij Max dus met startnummer één gaat rijden. Zijn uitdagers zijn Ferrari, dat het lek heeft gedicht, en Mercedes, dat een valse start maakte. Aan hen de taak om de wereldkampioen van de troon te storen. De wereldkampioen, de huidige wereldkampioen. Hoe vaak gaat iedereen dat straks zeggen? Op die jonge leeftijd heeft hij toch eigenlijk wel al zijn eerste doel bereikt. Denk je dat hij achterover gaat zitten? Gaat Max relaxen? Ik denk het niet. Hij zit echt nog steeds met die zes letters in zijn hoofd: winnen. Hij wil zo veel mogelijk races winnen en als je in één seizoen heel veel races wint, dan word je vanzelf weer wereldkampioen. En hoe bizar zou het zijn, hoeveel zouden het er zijn? Hoeveel keer gaat hij wereldkampioen worden? Is dat acht keer, of misschien wel negen of tien keer? Wie zal het zeggen?

Het belangrijkste is dat er rust en kalmte komt rondom

Red Bull Racing, en dat is er nu. Want hoe verrassend was het bericht dat Red Bull Racing toch die deal met Honda heeft kunnen verlengen? Ik vraag me af waar die beslissing vanuit Honda opeens vandaan kwam. Ergens denk ik dat Max met zijn laatste winst in Abu Dhabi heel veel neuzen bij Honda dezelfde kant op heeft gekregen. En je weet hoe het bij Honda werkt: het zijn allemaal mensen die heel graag ja zeggen, misschien soms wel nee denken maar dat niet durven zeggen, want dat zit niet in hun cultuur. Het is ook bizar, natuurlijk: de nieuwe baas bij Honda die veel meer geld uitgeeft aan tweewielers dan aan vierwielers. Maar dan wordt zo'n jong ventje met een Honda-motor plotsklaps wereldkampioen. Dan kan ik me zo voorstellen dat ook die mensen op de bank staan te springen en hun uitspraak om ermee te stoppen toch terugnemen. We zullen het zien hoelang het tussen Red Bull en Honda goed zal gaan.

Maar dat is niet het enige, natuurlijk. Zit Red Bull er dit seizoen opeens wel weer goed bij met die nieuwe auto en het nieuwe reglementenboek? Of moet Red Bull ook weer opnieuw in het begin een enorme inhaalslag maken om bij andere teams te komen, zoals we dat de laatste jaren gezien hebben? Zijn er verrassingen te verwachten in het nieuwe seizoen? Heeft Ferrari zijn huiswerk goed gedaan? Misschien zit Haas wel met een goede Ferrarimotor opeens midden in het middenveld. Wat gaat er gebeuren? Heeft Williams met die nieuwe investeerder opeens wel de mogelijkheid om van die laatste plaats af in dat middenveld terecht te komen? Wie wordt het achterste team? En wat gaat Alpine doen, nu er enorm veel herrie in hun tent is en Alain Prost boos weg is gegaan bij het team? Wat gaat er gebeuren met Aston Martin, die heel goed bezig is en heel rustig en kalm aan het bouwen is? Er wordt namelijk heel veel geïnvesteerd door de enorme zakenman Lawrence Stroll, de vader van Lance. Hoe gaat dat zich ontwikkelen? Komen die erbij? Of bemoeit papa zich met te veel zaken? Wie gaat er dit seizoen verrassen? Dat is ook iets wat heel belangrijk is bij de wintertesten aan het begin van het nieuwe seizoen dit jaar in Barcelona en Bahrein: wie gaat zich daar opeens manifesteren?

Bij de wintertesten wordt de auto echt getest aan de hand van de windtunnelresultaten. Hoe gaat de motor? Hoe gaat het inhalen? Hoe houden de nieuwe banden zich? De rijders hebben zich er wel al over uitgesproken dat de auto's een beetje gaan aanvoelen als karts, en dat is natuurlijk alleen maar fijn. Wat Pierre Gasly al als enige probleem aangaf halverwege het seizoen 2021 is dat het zicht van de rijder naar de voorbanden toe en het insturen van de bochten lastiger wordt, want daar zit dat rare kapje over de voorwielen en is de weg moeilijk te zien. Natuurlijk zullen we nog wel wat dingetjes gaan horen van de rijders over wat minder is, maar wat zeker is, is dat die Halo er gewoon lekker op blijft.

De wintertest in Barcelona begon vrij lastig, omdat we op het allerlaatste moment te horen kregen dat de eerder afgegeven accreditatie om het circuit te bezoeken toch niet doorging. Eerst zijn we nog door de FIA op een reservelijst gezet, maar uiteindelijk hebben we dus de dag voordat we vertrokken geen accreditatie gekregen om op het circuit te werken. Achteraf hoorden we dat mensen van diverse teams bij het FOM hebben gemeld dat wij geen accreditatie konden krijgen omdat wij geen tv-rechten meer hebben. Wat natuurlijk niet helemaal waar is, aangezien Ziggo Sport een sublicentie heeft gekregen van Viaplay. Met die sublicentie zouden we in principe gewoon mogen werken, maar er is wat weerstand geweest en dat heeft ervoor gezorgd dat wij op het allerlaatste moment toch niet het circuit op mochten.

Desondanks hadden we alles al geregeld en geboekt. Van tevoren hadden we nog goede moed om wat beelden te maken en gesprekken op te nemen voor de Barcelonatest: de teams hadden namelijk toegezegd dat we konden bellen, mailen en Zoomen. We hadden dus een vijftal Zoommeetings staan en die konden we ook vlak bij het circuit doen, want het maakt daarvoor niet uit waar je zit. Maar toch was de aankomst in Barcelona best vervelend. We kwamen elkaar tegen en dachten: tja, wat doen we hier eigenlijk? We besloten toch te proberen er wat van te maken. Ik had nog wat dingen openstaan bij aankomst in Barcelona, maar naarmate de testdagen dichterbij kwamen, smolten die mogelijkheden ook weg als sneeuw voor de zon. Hoe verder we in de Barcelonatest kwamen, hoe matiger het contact werd met de teams. We zouden teruggebeld worden, maar uiteindelijk ging het toch niet door. Zo hadden we vijf afspraken met rijders staan die uiteindelijk allemaal gecanceld zijn. Daarbij kwam natuurlijk nog dat er in eerste instantie heel veel rijdende beelden zouden worden gemaakt, maar door het contract tussen Bahrein en de Formule 1 is het tot en met 2036 niet mogelijk om beelden te maken in Barcelona. Daarnaast zou ook de eerste grote officiële Formule 1-test pas in Bahrein worden gehouden met die nieuwe auto's. Natuurlijk is dat wel fijn voor de teams, want die kunnen dan toch even voorzichtig de nieuwe auto's testen zonder in de spotlights te staan in Barcelona, om vervolgens de belangrijkste test in Bahrein te gaan doen, maar het is minder fijn voor ons.

We waren in Barcelona dus eigenlijk een beetje overgeleverd aan onze eigen mogelijkheden. We zagen dat het Holiday Inn pal naast het circuit stond en over een dakterras beschikte, en na wat heen en weer mailen, bellen en even langskomen, mochten we daar wel wat opnames maken. Ook konden we natuurlijk via internet de resultaten volgen, en gelukkig hadden we nog collega's op het circuit die we konden bellen.

Uit die eerste testdagen, waarbij Max op de eerste dag heel veel rondjes in de Red Bull reed, bleek dat de resultaten best wel goed waren. Het leek erop dat alle teams goed hun huiswerk hebben gedaan, maar dat met name de vloer doorslaggevend is in de veranderde regelgeving die ze hebben bedacht bij de FIA. Door de nieuwe regelgeving kunnen de auto's dichter op elkaar rijden. Je verliest daardoor geen grip als je onder de achtervleugel duikt, maar krijgt juist meer grip, zodat je dichter bij de achterkant van een auto kunt komen en dus makkelijker kunt inhalen. Dat is echt het eerste plan geweest bij het veranderen van de auto's. De teams hebben natuurlijk allemaal hetzelfde boek gekregen, en als je dan alle auto's bij elkaar ziet, is het toch best wel grappig om te zien dat die veel op elkaar lijken. McLaren lijkt het voor elkaar te hebben, dat team valt niet uit elkaar en heeft zijn huiswerk goed gedaan. Ferrari heeft een prachtig mooie auto ontworpen die ook wel redelijk snel was, hoewel dat niet zo veel zegt, want dat zijn ze bij Ferrari over het algemeen meestal wel bij de wintertesten. Het lijkt erop dat Williams wel een sprong zou kunnen maken. De auto ziet er natuurlijk wel prachtig uit voor ons. Voor de rest is het ook opgevallen dat sommige teams in het flexen van de vloer te ver zijn gegaan. Zo braken er bij Alfa Romeo gewoon stukken af. Ze hadden die heel dun uitgewerkt en in de windtunnel wierp dat z'n vruchten af, maar op het circuit niet, waardoor ze opnieuw hun huiswerk moesten doen om de vloer steviger te maken.

Verder bleek dat er veel dolfijnengedrag was van de auto's. De auto's zaten heel dicht – heel laag dus – op het circuit om zo veel mogelijk grip te krijgen. Daardoor vindt er een soort luchtcirculatie onder die auto plaats, waardoor de auto naar de weg wordt gezogen, waarna er juist weer onderdruk ontstaat en de auto weer omhoogschiet. Op het rechte stuk ziet dat er dus uit als dolfijnen die in boogjes boven het water uit springen. En doordat Barcelona echt een hobbelig circuit is, hadden veel auto's daar zichtbaar last van.

Red Bull Racing is in ieder geval tevreden na de testdagen in Barcelona. Mercedes had de snelste tijd met Lewis Hamilton, dat zegt natuurlijk ook dat ze hun taken perfect hebben afgevinkt. Ferrari blijft de *dark horse*. Ze waren er in het begin heel goed bij, maar we weten op dit moment nog niet wat er in Bahrein gaat gebeuren. Ik denk dat de auto's er daar ook weer heel anders uit zullen zien. Nu Barcelona achter de rug is, weten de teams of datgeen wat ze in de winter hebben bedacht en in de windtunnel hebben getest, ook op het circuit een beetje klopt. Wat gebeurt er met de banden en met de aerodyamica als we het gewicht aanpassen? En als we iets aan de hoogte van de auto veranderen, wat gebeurt er dan? Het blijft aan de start van elk nieuw seizoen weer checken of het goed gaat als je zoveel kilometers rijdt: is alles haalbaar? En hoe betrouwbaar is de motor? Ik ben benieuwd hoe de aansluitende test in Bahrein verloopt en of we een soort trend gaan zien voor de start van het nieuwe seizoen.

Ik kan niet wachten tot het nieuwe seizoen van start gaat! Er zijn natuurlijk ongelooflijk veel races gepland op dit moment. Te beginnen met Bahrein, Saoedi-Arabië, Australië, Italië, Miami. Hoe gaat dat worden? Gaan we dan weer naar Melbourne of zal die dan toch als laatste weer afvallen? Miami wordt wel fantastisch, prachtig lijkt het me daar. Dan gaan we naar Spanje, dat kent iedereen. Monaco wordt echter anders. Vroeger deden we de vrije training op donderdag en was vrijdag een vrije dag, maar nu wordt het precies zoals de andere raceweekenden en vallen de mediadagen op donderdag weg. De vrije trainingen worden daarvoor later op de dag gereden. Hoe gaan de teams en de rijders daarmee om? En dan: gaan we naar Azerbeidzjan en Canada? Vervolgens krijgen we in de zomer een heel mooi stuk Europa met Groot-Brittannië, Oostenrijk, Frankrijk, Hongarije, België, Nederland en Italië. Gaan we Zandvoort ooit nog weer zo goed krijgen? Kan het weer zo'n mooi raceweekend worden met een goed georganiseerd verkeersplan en prachtig weer in september? Ik heb er een hard hoofd in... Laten we hopen dat we het weer zo fantastisch krijgen. Kippenvel bij het volkslied zoals met Davina Michelle, zou het weer gebeuren? En dan gaan we toch weer naar Singapore en Japan, dankzij hun contractverlenging. De race in Singapore blijft op de planning en dat is toch wel een van de mooiste, daar in het donker, op een fantastisch mooie locatie. Ook heb ik veel zin in Japan, waar de allerliefste racefans ter wereld zijn. Daarna gaat alweer de laatste maand van seizoen 2022 in, met de Verenigde Staten, Mexico, Brazilië en op 20 november de laatste race in Abu Dhabi.

En als ik nu toch vooruitblik: hoe zal de ranking er dan uitzien? Zou Max Verstappen zijn titel hebben vervangen door een nieuwe titel? Zou hij dan met de nummer één mogen blijven rijden? En hoe zal het er verder voor staan? Hoe gaan de auto's en de races zich ontwikkelen? Maar ook is de vraag: wat gaan Olav en ik doen? Zou er zich nog een andere mogelijkheid voordoen via de FOM, of blijven we alleen 'live' radio maken? Gaat Ziggo Sport nog extra uitpakken met de beperkte rechten die de zender heeft? Er zijn wel dingen die we graag zouden willen doen, iets bijzonders in het seizoen, bijvoorbeeld op locatie in België of Zandvoort. Of wellicht stiekem toch al op 29 mei naar Monaco om vanaf de Holland Boat in de haven van Monte Carlo live uitzendingen van Grand Prix Radio te maken, zoals in 2019. Op dit moment zijn het allemaal dingen die nog onzeker zijn, maar waar we wel op hopen.

Rustig aan, Jack! De wintertesten zijn nog maar net achter de rug en het seizoen is amper begonnen. Leuke items maken voor Ziggo Sport en live verslag doen van de races via Grand Prix Radio, ik kan niet wachten!